エウェンキ語への招待

Initiation into Evenki Language

ドラール・オソル・朝克　共著
中嶋　幹起

大学書林

は し が き

dʒulidəduni dʒorir bayta
はし　　　　　がき　　こと

　本書はエウェンキ語の言語構造の詳細を会話表現を通じて理解していただくことを願って，同時にまた，旅行中に現地のことばを使って土地の人と会話を交わすよろこびを味わってもらうことを目的として編まれたものである．本書には日本語の表現とそれに該当するエウェンキ語が盛られているが，日本語はあくまでも手がかりであって，重点はエウェンキ語の表現そのものに向けられていることはいうまでもない．

　本書は一般の読者に読んでいただけるようにとできるだけ平易にまとめあげたが，第一線の専門家にも参考としていただけるようにと構成並びに記述の面において十分工夫がこらされている．

　本書はエウェンキ語のなかでも有力な方言の1つであり，編著者の一人，朝克の母語でもある中国内蒙古自治区フルンブイル市（旧ハイラル市）の南部のホイ（輝河）地域の発音を基準にした．表音法は朝克著『エウェンキ語研究』（中央民族出版社 1995）の音韻体系の記述を利用しているが，その音韻体系に用いた子音音素［χ］及び［j］の2種は本書では［h］及び［y］と改めてある．エウェンキ語文法学習の便宜をはかるため，活用語尾の内容もできるだけ会話の意味にそって翻訳して理解をたすけ，さらに「Ⅲ　エウェンキ語概説」の部でその文法的機能を体系的にまとめて説明した．

　本書では，エウェンキ人の草原での生活，森林での狩猟生活

はしがき

や牧畜と密接なかかわりのある内容を盛った会話となるように工夫し，エウェンキ人の生活や伝統的文化に深くかかわる事物の名称や地名をできるかぎり盛り込むようにした．これらの会話により読者が多少なりともエウェンキ社会の雰囲気を感じとることができれば幸いである．

本書の後にはエウェンキ語の音韻構造，名詞の格及び動詞の活用語尾，数詞，序数詞，季節，年月日，曜日，時刻，空間と方位，エウェンキ族の氏名，エウェンキ人の住む町や村の名称，エウェンキ族の祭り，外国とその町の名称などをまとめた．さらに，基礎語彙を収めてあるので活用されたい．

自分の研究の成果を，こういうかたちにまとめるきっかけをつくってくださったのは旧知の中嶋幹起教授である．教授は資料と記述の細部にいたるまで詳細な検討を加えて助言と加筆をくださり，本書の内容が読者によく理解されるようにと構成を考えてくださった．こうした中嶋幹起教授のご熱意と大学書林の佐藤政人氏のご好意によって本書は世に出ることになった．日本での長期滞在と研究を可能にしてくださった多くの友人並びに志を同じくする専門家たちとの結びつきがなかったら，本書をまとめられなかったであろうことを思い，深い感謝の念をここにあらわしたい．

2005 年 3 月

　　　　　　　　著者
　　　　　　　　杜拉爾・敖斯爾・朝　克（Dular Osor Cog）

共著者のことば

　著者の中国社会科学院民族学与人類学研究所(旧民族研究所)の杜拉爾・敖斯爾・朝　克(Dular Osor Cog)教授は1957年,中国内蒙古自治区フルンブイル市（旧ハイラル市）生まれのエウェンキ人である．北京で学問の基礎を築かれたあと，研究を理想的な場にもとめられた．興安嶺をはじめ中国各地のツングースの自治区での調査経験を豊富にもつ教授は，その後，日本のみならず欧米においても研究を積まれて，積極的な学術交流を展開しておられる国際的な学者である．『鄂温克語研究』（民族出版社1995）『満－通古斯諸語比較研究』（民族出版社1997）『エウェンキ語基礎語彙集』（東京外国語大学アジア・アフリカ言語文化研究所　1991）『鄂温克語三方言対照基礎語彙集』（小樽商科大学言語センター　1995）『エウェンキ語形態音韻論および名詞形態論』（東京外国語大学アジア・アフリカ言語文化研究所2003）など数々の著書があり，エウェンキ語を中心に据えた研究の方面で，すでに中国のツングース語研究の第一人者として誰しもがみとめるところである．

　本書は杜拉爾・敖斯爾・朝　克教授が日本の招きによって2002年9月から1年間にわたり東京に滞在されたことが契機になって，共著者との共同研究によりまとめられたものである．共著者は中国語研究の必要から満洲語文献を研究するかたわら,「生きた満洲語」とも言われるエウェンキ語に興味をもってきたが，教授の協力によって詳しく観察する機会がえられたことをうれしくおもっている．

共著者のことば

　本書に収められた「語料」すなわちテキスト，語彙はすべて教授の提供によっており，文法の記述も教授の考えによってまとめられたもので，言語理論に対する著者のぬかりない研鑽をそこにみいだすであろう．共著者の貢献があるとすれば，わかりやすいように具体的に例を出してもらったこと，日本語におきかえたらどう理解すればよいのかを教授に逐一質問し，確認しつつ相当に加筆したことにあると思う．
　共著者は，かつて朝克教授といっしょに承徳，熱河，瀋陽，赤峰の地にて昔日の満洲族の栄光の跡に立ち，契丹族の文化遺産の数々を見る機会をもつことができた．数年前には，教授の故郷にも訪れ，フルンブイルの草原の風光と，発展しつつある市街地の近代化のありさまを目のあたりにした．2004年8月には第2回国際ツングース言語文化学術会議がハイラルで開催され，共著者は，中国をはじめ，日本，ロシアを含む欧米諸国の研究者とともに，ツングースの言語，歴史，文化について討論しあい，以前にもまして一層エウェンキ語について理解を深めることができた．こうしたことすべてが本書を世に送る原動力となっている．
　少数民族の言語が対象でもあり，かならずしも多くの読者をえられないような本書の刊行に対して大学書林の佐藤政人氏がご理解を示されたことにより本書は世に出た．著者とともに心から感謝を申し上げる次第である．

2005年3月

　　　　　　　　　　共著者
　　　　　　　　　　中嶋　幹起（Nakajima Motoki）

目　　次

はしがき（dʒʉlidədʉni dʒorir bayta）………………… i
共著者のことば……………………………………………… iii

Ⅰ. エウェンキ族とその言語 ………………………………1
Ⅱ. 会　　話 ………………………………………………16

1. 挨拶語（aya aŋugga）……………………………………16
　1.1 日常の挨拶（inigni aya aŋugga）………………16
　1.2 年寄りの挨拶（ətihəŋ saddesalni aya aŋugga）……18
　1.3 朝の挨拶（əddəni aya aŋugga）…………………19
　1.4 晩の挨拶（ʃigsəni aya aŋugga）…………………21
　1.5 牧畜やトナカイに関する挨拶
　　　（adosuŋ ootʃtʃi orooŋdʑi dalʥiʃi aya aŋugga）……23
2. 日常会話（inig taŋiŋni dʑiŋdʑimaʃigga）……………26
　2.1 あなたのお名前は何といいますか
　　　（ʃini gəbbiʃi awu）………………………………26
　2.2 これは何ですか（əri ohoŋ）……………………30
　2.3 何をしていますか（ohoŋ oodʑinde）……………35
　2.4 あなたはどんな仕事をしていますか
　　　（ondi gəbbəyə oodʑinde）…………………………40
　2.5 あなたはエウェンキ語が分かりますか
　　　（ʃi əwəŋki dʑiŋdʑiggawa saande gi）……………46
3. 旅行（təhɵɵrəm ʉlirəŋ）…………………………………52

－ v －

目　次

4. ホテルに泊まる (boodoldu əwərəŋ) ……………61
5. 食事 (hөөməni bayta) ……………69
6. 見物 (yəəməyə iʃirəŋ) ……………76
7. 買物 (yəəməyə gadaŋ) ……………86
8. 通信 (dʒaʃihaŋ aldoor) ……………93
9. 医療 (ənʉhʉ dasabuŋ) ……………101

III. エウェンキ語概説 ……………105

1. エウェンキ語の音韻 ……………105
   1.1.0 母音 ……………105
      1.1.1 母音音素 ……………105
      1.1.2 短母音と長母音の区別 ……………107
      1.1.3 まちがいやすい母音の区別 ……………108
   1.2.0 子音 ……………111
      1.2.1 子音音素 ……………111
      1.2.2 複合子音 ……………115
      1.2.3 子音の畳音現象 ……………116
   1.3.0 母音調和 ……………119
      1.3.1 男性母音による母音調和 ……………120
      1.3.2 女性母音による母音調和 ……………120
      1.3.3 中性母音による母音調和 ……………121
      1.3.4 同じ母音による母音調和 ……………121
   1.4 音節構造 ……………122
   1.5 アクセント ……………126
2. エウェンキ語の文法 ……………128
   2.1 複数をあらわす形式 ……………130
   2.2 名詞の格をあらわす形式 ……………132
   2.3 一般人称形式 ……………135

目　次

- 2.4 所属・再帰人称形式 ………………………………136
- 2.5 形容詞の程度をあらわす形式 ……………………138
  - 2.5.1 比較一級の活用語尾 ………………………139
  - 2.5.2 比較二級の活用語尾 ………………………140
  - 2.5.3 比較三級の活用語尾 ………………………142
    - 2.5.3.1 比較三級の活用語尾と意味差 …………143
  - 2.5.4 最高級の活用語尾 …………………………145
- 2.6 動詞の態をあらわす諸形式 ………………………146
- 2.7 動詞の相をあらわす諸形式 ………………………147
- 2.8 動詞直説法の諸形式 ………………………………149
- 2.9 動詞願望法の諸形式 ………………………………151
- 2.10 動詞命令法の諸形式 ……………………………152
- 2.11 動詞仮定法の諸形式 ……………………………153
- 2.12 副動詞の諸形式 …………………………………154
- 2.13 形動詞の諸形式 …………………………………155
- 2.14 助動詞 bi-(肯定)と ə-(否定)の形態変化 …………156
3. エウェンキ語の語彙 …………………………………159
  - 3.1 数詞 …………………………………………………159
    - 3.1.1 基数詞 …………………………………………159
    - 3.1.2 序数詞 …………………………………………159
  - 3.2 時刻 …………………………………………………160
  - 3.3 年・月・日 …………………………………………161
  - 3.4 曜日 …………………………………………………162
  - 3.5 季節 …………………………………………………162
  - 3.6 空間・方位 …………………………………………163
  - 3.7 エウェンキ族の氏名 ………………………………163
  - 3.8 エウェンキ人の住む町や村の名称 ………………164
  - 3.9 エウェンキ人の祭り ………………………………164

目　次

　　3.10　エウェンキ語で使う国と町の名称 …………………166
Ⅳ．エウェンキ語の基礎語彙 ………………………………167
　1．名詞 …………………………………………………………168
　　1．天象　2．地理　3．鉱物　4．動物　5．植物
　　6．食物　7．服飾　8．家屋　9．日常用品　10．社会
　　11．文化用品　12．人体　13．人間関係　14．生業
　　15．生老病死　16．時間と年月日　17．方位
　2．動詞 …………………………………………………………189
　　1．自然現象　2．動植物について　3．飲食について
　　4．道具を使う動作　5．身体動作　6．対人関係
　　7．喜怒哀楽　8．存在と移動
　3．形容詞 ………………………………………………………197
　　対照概念
　4．副詞 …………………………………………………………199
　5．指示詞 ………………………………………………………199
　6．数詞 …………………………………………………………200

I．エウェンキ族とその言語

エウェンキ語の位置

　エウェンキ語とはエウェンキ族自らの称する「エウェンキ（ロシア語では Эвенки と綴り，中国語では鄂温克と書く．旧称ではツングース）」が公式名称として用いられている民族によって話されている言語である．エウェンキ語はアルタイ諸語のツングース語族に属する．「ツングース（Tungus）」という語は，一説には，中国の史書にあらわれる「東胡 tuŋγu（東方の野蛮人）」と呼ばれた民族に同定できるとも言われるが，現在ではもっぱら言語学上の語である．この Tungus は現代中国語では「通古斯 Tong-gu-si」として採り入れられている．

　ツングース語は，モンゴル語，チュルク語とならんでアルタイ諸語を構成する言語であり，西はシベリアのエニセイ河左岸から東はオホーツク海沿岸及びサハリン，カムチャッカに至るまで，北は北極圏から南はアムール川（黒龍江）流域ないしモンゴルと中国東北地方にかけ，東西約 2000 キロ，南北 1500 キロ，面積約 700 万平方キロメートル（シベリアの全面積の 7 割を占め，日本の面積の 20 倍近い）におよぶ広大な寒冷地域に分布している．他に例を見ないほどの広い領域を占めてはいるが，現在この話し手はきわめて少なく，正確には不明であるが，推定ではおよそ 7 万人あり，いくら多く見積もっても 10 万人には達しないであろうと考えられている．

　アルタイ諸語はウラル諸語とともに複合言語グループをなすものとして，一般にウラル・アルタイ諸語という名称が通用し

エウェンキ語への招待

ている．この言語グループを以下の表のようにまとめ，エウェンキ語の系統的あるいは類型的位置を見ておきたい．

ウラル・アルタイ諸語					
ウラル諸語			アルタイ諸語		
サモエード語	フィン・ウゴル語		チュルク語	ツングース語	モンゴル語
	フィン語	ウゴル語			
ガナサン語 エネツ語 ネネツ語 など	フィンランド語 エストニア語 サーミ語 コミ語 マリ語 モルドビアン語 など	ハンガリー語 マンシ語 ハンティ語 など	チュルク語 トゥヴァ語 ショル語 ハカス語 アルタイ語 など	エウェンキ語 エウェン語 ナナイ語 ウリチ語 ウデヘ語 ネギダル語 など	モンゴル語 ブリヤート語 カルムィク語 など

　ツングース語群は北方と南方で対立する．しかし，北方と南方の間でも共通起源に遡ることのできる密接な関係がみとめられる．北方内部は地理的隔たりが大きいにもかかわらず，差異はさほど大きくはない．南北それぞれの内部では方言と言ってもよいほどの言語が話されているが，これはより小さい集団に分散して居住したためで，ふつうは「～方言」というよりも「～語」と呼ばれることが多い．以下のように3つの主要なツングース語群に分類することができる．

　　第1群　北方ツングース語
　　　　　　ロシアの北方・シベリアとオホーツク海沿岸・中国東北部の一部に分布する．エウェンキ（鄂温克）語・エウェン語・ネギダル語・ソロン語・オロチョン（鄂倫春）語を含む．
　　第2群　南方ツングース語
　　　　　　主としてアムール川及びその支流沿岸・サハリンに

Ｉ．エウェンキ族とその言語

分布する．ナナイ（ゴリド）語（中国の赫哲語）・オロッコ語・オロチ語・ウデヘ語・オルチャ語を含む．

第3群　満洲語・シボ（錫伯）語・女真語〔古代語〕
中国東北部・新彊に分布する．

以下に，満洲語〔三家子方言〕(Ma)，錫伯語 (Ci)，赫哲語 (He)，オロチョン語 (Or)，エウェンキ語 (Ew) の間の親縁関係について，基礎語彙の数詞（1から10まで）を比較して見ることにする

	Ma	Ci	He	Or	Ew
1	əmu	əmukən	əmukən	ʉmʉn	əmʉŋ
2	dʐuo	dʐu	dʒuru	dʒʉʉr	dʒʉʉr
3	ilan	ilan	ilan	ilan	ilaŋ
4	duin	dujin	dujin	dijin	digin
5	sundʐɑ	sundʐɑ	sundʐɑ	tʊŋŋɑ	toŋŋa
6	niŋŋun	nyŋun	niŋuŋ	niŋʉn	niŋʉŋ
7	nadən	nadən	nadan	nadan	nadan
8	dʐɑkʊn	dʐɑqun	dʒɑkun	dʒɑkun	dʒɑhoŋ
9	uiyn	ujun	ujun	jəgiŋ	jəgiŋ
10	dʐuan	dʐuan	dʒuan	dʒɑan	dʒaaŋ

エウェンキ語はツングース語－とくに北方ツングース語群の中にあって代表的な言語であり，分布する地域も最も広い．エウェンキ語は音韻構造や文法形態の面で豊富かつ複雑な形式をもち，ツングース語族の諸言語ひいてはアルタイ諸言語の中でも重要な言語であると考えられている．

中国以外に，ロシアのシベリア及びモンゴル国の東北地域でもエウェンキ族が生活している．エウェンキ語はエウェンキ人

の日常語として他の言語にとって代わることができない重要な役割を果たしている．エウェンキ族の人口は現在のところ，推定 68,200 人であるが，その内訳は，中国に 32,600 人（2003 年），ロシアに 31,000 人（1999 年），モンゴル国に 4,300 人（2001 年）となっている．

ツングース諸語の分布

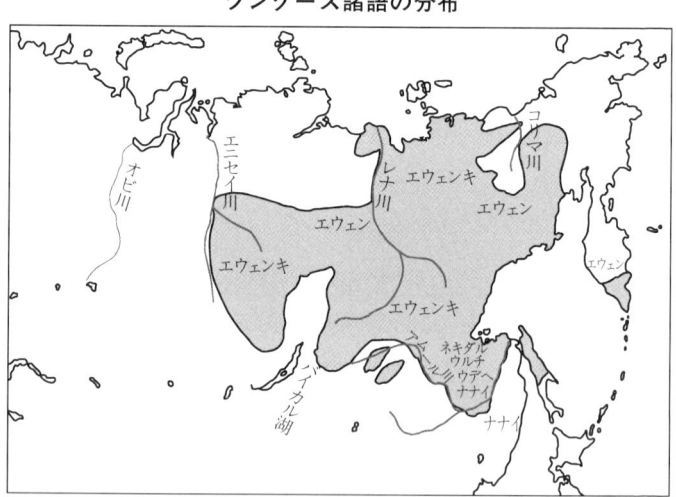

自称名の「エウェンキ」と民族の起源について

エウェンキ族の自称名の「エウェンキ əwəŋkə」は，エウェンキ語動詞の語幹 əwə-「降る」の後に，動詞から名詞を派生する造語語尾 /ŋkə/「もの（者）」を付加してできた名詞である．「エウェンキ əwəŋkə」は「降りた者」となるが，それは「高い山の森林から降りて来た人たち」あるいは「山林から平原に降りて来た人たち」の意味を含んでいる．エウェンキは

Ⅰ. エウェンキ族とその言語

エウェンキ族の唯一の自称であり、「ソロン」、「ツングース」、「ヤクート」などの呼称はすべてほかのものがエウェンキ人を呼ぶ言い方である．そこには、ツングースは北方ツングース語を話すすべての民族集団、親類縁者が共通の起源から出ていることを自ら認め、他民族と接触するときには、他とは異なる自分たちの名称の「エウェンキ」を用いる権利があると主張する気持ちが強くはたらいているのである．

ツングースは古い時代から、常に移動し、絶えず漂泊し続けてきた．今日のエウェンキ族が居住している地域は、かれらが元から住んでいた場所ではない．かれらの故地は別にあって、そこを出発点に、幾度かの移動波にのって前進し、現在の漢族と接する位置にあると見るべきである．

初期の北方ツングース諸民族については確たる資料の上での支えがないので明確な知識を得ることはむずかしい．エウェンキ族の起源と移動過程については以下のような三つの説があるが、確証はなく、いずれであると決定することはできない．

一つは「中国の長白山と朝鮮半島及び日本海起源説」であり、中国の史書に登場する「粛慎」をツングースの直系祖先に同定し、後続する「邑婁」「勿吉」「靺鞨」などと表記される民族集団を同一のツングースとみる説である．このいわば西方移住説には異説もあって、それによると、エウェンキ族の祖先は、およそ2千年前にウスリー川の興凱（ハンカ）湖一帯に居て、中国の史書で「沃沮人」と称される民族であり、しだいに西に向かい、スンガリー川に至った．その後バイカル湖にたどりつき、ふたたび南行して興安嶺、フルンブイルに至った．もう一つは「シベリア地域またはバイカル湖起源説」である．ツングースの生業である馴鹿（トナカイ）の飼育に適した地衣類で覆われた高い山脈と広さをもった地域をツングースの出発・移動の地

点として考える説であり，これにはバイカル湖一帯での考古学的・人類学的発掘調査が証拠をあたえてくれる．この説では，エウェンキ族の祖先は，今から4千年前の時代にバイカル湖流域からしだいに東方に向かって拡大移住して，黒竜江（アムール川）の上流・中流域に進入し，17世紀頃にはさらに南に移り，興安嶺及びバイカル湖の草原地帯に入ったと移動経路を推定する．さらにもう一つは，ツングース民族研究に専心したロシアの学者，セルゲイ・M・シロコゴルフの「南方起源説」であり，太古において黄河ならびに揚子江中流域と一部下流域を原（プロト）ツングース民族集団の基点とする説である．

エウェンキ族はトナカイの飼育と漁労を営んでいたが，8世紀頃から牧畜を始め，13世紀からは一部が農業社会へと発展した．17世紀の中頃にはエウェンキ族は三つ，すなわち，バイカル湖東北側のシルカ川周辺地域，シルカ川からチルチャギル（精奇里江）に至る地域及び外興安嶺の一帯に分かれて居住していた．

バイカル湖起源説によるエウェンキ族の移動経路

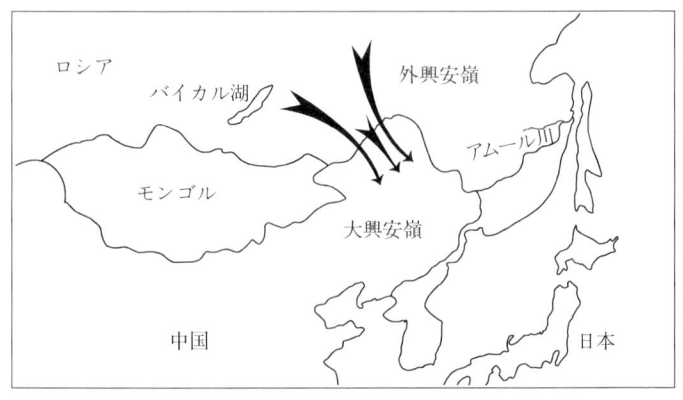

Ⅰ．エウェンキ族とその言語

中国史のなかのエウェンキ族

　エウェンキ族を指す呼称は，中国の史書のなかで時代によっていろいろと書き記されてきた．現在の黒竜江流域に出現する「室韋（「失韋」とも書かれる）」が，今日のエウェンキ族・シボ族・モンゴル族などの諸群団を総称していたと考えられる．北魏時代（西暦 338-534 年）には「南室韋」「北室韋」「鉢室韋」「深末怛室韋」「大室韋」の 5 つの部からなると記されているが，このうち，前の 3 つの部がとりわけエウェンキ族と系譜的関係が深いと見られている．唐の時代には，「北山室韋」「鞠部」及び「女真」と称される部族集団を構成する一部となった．8 世紀の遼の時代には女真人を「生女真」と「熟女真」とに分けて呼び，「生女真」は黒竜江の上流と中流及び外興安嶺と黒竜江下流域に居住していた．13 世紀の元の時代には「森林の兀良哈」つまり「森林の中の人々」と呼ばれ，15 世紀の明の時代には「北山野人」または「女真野人」と呼ばれた．

　清朝時代には，エウェンキ族は「ソロン（索倫）」あるいは「ソロンエウェンキ族」，「ツングース（通古斯）」，「ヤクート（雅庫特）」のようにさまざまに呼ばれた．

　「ソロン」あるいは「ソロンエウェンキ族」と呼ばれた人々はアムール川（黒龍江）の上流・中流域に住んでいたエウェンキ・ダグール・オロチェン族を総称して言ったもので，最も早く農耕牧畜を営んでいた集団であった．明末清初の 1634（天聡 7）年には「ソロン部」に組み込まれ，ダグール，オロチョン，オイラート・モンゴル，バルグ・モンゴルなどの人々とともに 17 世紀半ば以降強まるロシアの南下に対する国境防備にあたった．

　清では太祖ヌルハチの死後，太宗ホンタイジが東北の辺疆部の支配権を強め，バイカル湖以東，黒竜江上流・中流域の統治

を固めるために，崇徳4－5年（1639－1640）にソロン・エウェンキ族でもっとも勢力を誇っていた酋長のポムポコル（博木博果爾）を平定して，この地域を統治下に入れた．順治，康熙の間（1644－1722）にソロンを興安嶺の東側の嫩江流域に移してブトハ（狩猟民部落）と呼び，1684（康熙23）年にはこのブトハを民兵組織として軍事組織の「八旗制」の中に官兵として編入して兵力の増強をはかった．

ロシアはアムール川に前進基地のネルチンスクとアルバジンを置いたが，清軍の攻撃をうけて破壊され，1660年以降ロシア人はアムール川から撤退した．

康熙帝の時代になると，ロシア人の進出がふたたび始まり，1682年には本格的な対ロシア人作戦を開始して戦闘に入った．清側の一方的ペースで交渉が成立したのは1688年のネルチンスクにおいてであった．そこで康熙帝とロシアのピュートル大帝の間で書簡が交わされ，ネルチンスク条約が結ばれ，国境が定まった．現在の吉林省や黒竜江省は，元来満洲族とエウェンキ族・オロチョン族など少数民族の故地であり，満洲族はこうして祖宗の発祥の地を守ったのである．

1732（雍正10）年にはブトハとチチハル一帯（ヤル河流域）から1360人余りのエウェンキ兵士をフルンブイル地区に移し，ソロンの本部を置いて，ここでもロシアに対して長期にわたる駐防にあたらせた．乾隆時代，1750から1760年にかけての新疆ジュンガル遠征には満洲族，八旗制に編入されることのなかったシボ族の兵士らとともに，多くのソロン兵士が参加し，戦役の終結後も家族と共に辺境防備にあたらせた．

清朝はフルンブイルに西新巴旗の左右両翼8旗，ソロンの左右両翼8旗，合わせて16旗を設けた．ソロン旗は8旗を擁して人数も圧倒的に多かった．現在のホイ・ソムのエウェンキ人

Ⅰ. エウェンキ族とその言語

は当時のソロンの右翼旗に属していた者たちである．ホイ・ソムのエウェンキ族は伝統的に氏族社会にあってドラール（杜拉爾）とトクトン（塗格冬）のような二つの名家があった．清朝は軍事行政組織のなかにエウェンキ族を組み込み，巧みな統治をおこなっていた．

19世紀半ばになると，清朝は愛琿（アイグン），北京条約によって，アムール川下流域と沿海地方の領有権をロシアに奪われて，民兵組織も停止されるに至った．

清朝の滅亡によって「ソロン部」は解体して，以前のように個別の部族名で呼ばれるようになった．そこで中核をなしていたエウェンキ族の一派はそのまま「ソロン」と呼ばれ続けることになってしまった．それが1930年以後となって日本の満州国の下でのソロン両翼旗，ブリヤート，オイラート四旗を合併した「ソロン旗」の復活につながって行くことになる．かつて「ソロンエウェンキ族」と呼ばれたエウェンキ族は，現在，中国の内モンゴル自治区フルンブイル市の輝河，伊敏河，阿倫河，済沁河，訥河河，雅魯河，嫩江の流域に住んでいる．

ヤクートとは以前にロシア領のヤクート州（ソ連時代のヤクート自治共和国，現在はサハ共和国と呼ばれる）に居住していた人々で，ロシア革命前後に中国に移住してきた集団を指す．ツングースあるいはツングース・エウェンキとはかつてロシア領にいたエウェンキ族を指す．

中国政府は1958年3月8日にエウェンキ族の意志を尊重し，歴史的呼称であるソロン soloŋ をはじめ，ヤクート，ツングースなどさまざまな呼称を全部廃止し，法律の上で「エウェンキ人に対して，エウェンキ（鄂温克）という呼称のみを使用する」と規定した．その後，中国のエウェンキ人は古くから伝えられて来た「エウェンキ」という自称名を誰にはばかることな

く自由に使用ようになったのである．

中国のエウェンキ族

エウェンキ族は人口がきわめて少ない．中国での人口は前述のとおり32,600人にすぎない．そのうちエウェンキ語を使用しているエウェンキ族は18,500人（2000年）で，全体の61.5パーセントを占めている．

中国のエウェンキ族は，全人口の85パーセントが内蒙古フルンブイル市を含む周辺の草原地帯と興安嶺および黒龍江省に住んでいる．

具体的に言えば，内モンゴル自治区フルンブイル市エウェンキ族自治旗（内蒙古自治区呼倫貝爾市鄂温克族自治旗），オロチェン族自治旗（鄂倫春族自治旗），ホーチンバルガ旗のエウェンキ村（陳巴爾虎旗鄂温克蘇木），エルグナ市オルグヤエウェンキ村（額爾古納市敖魯古雅鄂温克族郷），モリンダワダグール族自治旗のバインエウェンキ村とドラルエウェンキ村（莫力達瓦達幹爾族自治旗巴彦鄂温克族郷と杜尓鄂温克族郷），アロン旗のチャラバチエウェンキ村（阿栄旗査巴奇鄂温克族郷），ザラントン市サマジルエウェンキ村（扎蘭屯市薩馬街鄂温克族郷）などの地域にまとまって居住している．

エウェンキ人の一部は黒龍江省納河県のエウェンキ村，嫩江県の各地，新疆维吾尔族自治区伊犁地区などの地域にも分散して住んでいる．

伊犂（イリ）地区の和塔城にはエウェンキ人が72名住んでいることが確認されている．これは清代の乾隆28年（1763）辺疆駐防のためにソロンとダグールの兵をあわせ，家族を引きつれて黒竜江より移駐させられた者の後裔である．その数は清代を通じて4500名以上に達したが，その後，戦いや病気で死

Ⅰ. エウェンキ族とその言語

に，故郷にもどる者もいて，今では少数になっている．

中国のエウェンキ族の分布

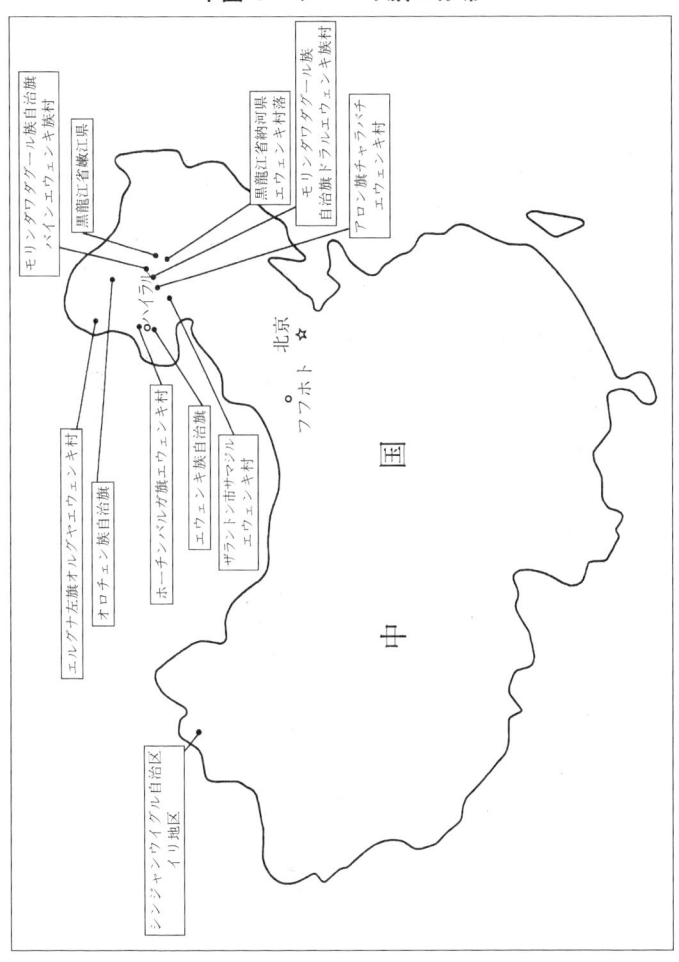

エウェンキ語への招待

中国のエウェンキ語方言

　自然・地理的条件，社会環境及びさまざまな歴史的要因によってエウェンキ語は差異が生じ，多くの方言に分かれている．各方言間の差異は主として音韻構造や語彙にみられる．

　中国のエウェンキ語にはホイ河方言（輝河方言），メルゲル河方言（莫日格勒河方言），オルグヤ河方言（敖魯古雅河方言）の三大方言がある．

　ホイ河方言（輝河方言）はホイ方言（輝方言）と略称される．ホイ方言は，かつて「ソロン語」あるいは「ソロンエウェンキ語」と呼ばれていたことがある．ホイ河流域の人口は約27,300人であるが，そのうちこの方言を使用している者が16,690人で61パーセントを占める．ホイ方言の使用者であるエウェンキ族は，主として内モンゴル自治区におけるフルンブイル盟エウェンキ族自治旗，モリンダワダグール族自治旗，アロン旗，ザラントン市，ハイラル市及び黒龍江省納河県，嫩江県などの地域で生活している．ホイ方言使用人口はエウェンキ族全体の90パーセントを超えている．

　メルゲル河方言（莫日格勒河方言）はメルゲル方言と略称されたり，「チン（陳）方言」と呼ばれることがある．エウェンキ語のメルゲル方言は，かつては「ツングース語」，「ツングースエウェンキ語」と呼ばれていた．メルゲル方言使用人口はエウェンキ族全体の8パーセントの2000人余りである．

　オルグヤ河方言（敖魯古雅河方言）はオルグヤ方言あるいはオウ方言と略称されるが，オルグヤ方言はかつて「ヤクート語」あるいは「ヤクートエウェンキ語」と言われていた．オルグヤ方言使用人口はエウェンキ族全体のわずか1.2パーセントの500人余りに過ぎない．

Ⅰ. エウェンキ族とその言語

方言間のコミュニケーション

　ホイ方言とチン方言の間の差異は割合小さいため，この二方言の使用者は互いに話し合うことができるのだが，ときには相互にうまく通じない場合もある．こうした場合，かれらは共通によく知っている第二の交流の手段であるモンゴル語の助けを借りてコミュニケーションをおこなうのである．チン方言の人々はバルガモンゴル人とブリヤトモンゴル人の中に住んでいるので，モンゴル語に通じている．ホイ方言の大部分の人々もモンゴル人，ブリヤト人，ウールトモンゴル人の中で生活しているので，モンゴル語を熟知している．しかし，ホイ方言に含まれているモリンダワダグール自治旗のエウェンキ族はダグール族と漢族の中に住んでいるのでエウェンキ語以外にダグール語と漢語を使い，モンゴル語はわからない．

　ホイ方言に含まれているアロン旗，オロチェン族自治旗，ザラントン市などの地方のエウェンキ族もダグール族，漢族，オロチェン族の中に住んでいるので，エウェンキ語以外にダグール語，漢語，オロチェン語を使いこなし，ダグール人とはダグール語で，オロチェン人とはオロチェン語で，漢族とは漢語で話し合うことができる．これゆえに，これらホイ方言の人はチン方言の人と互いの方言で話してうまく通じない時には，ダグール語を使ったり，漢語を使ったりしている．チン方言の人々もダグール語や漢語を少しは理解する．

　ホイ方言とチン方言の人々はオウ方言の人々と話すときは通じないことが多く，話が中断してしまう．オウ方言区のエウェンキ人はモンゴル語やダグール語を全然理解しないが，ほとんどが漢語を熟知している．したがって通じにくい時には漢語の助けを借りて話し合うのである．

エウェンキ語をとりまく言語環境

エウェンキ族はかつていろいろな民族と接触し,往来したり,雑居してきた.今でもエウェンキ人はオロチェン族やダグール族,モンゴル族,漢族,ブリヤトモンゴル族,バルガモンゴル族,ウゲルトモンゴル族などと雑居している.

このようなことから,エウェンキ語にはかなりの数の外来語が含まれている.とりわけ,16世紀初期から17世紀の中期にかけて,エウェンキ語は満洲語とモンゴル語から牧畜や農業,軍事,仏教などに関する新語を相当数借用した.また,18世紀後期から20世紀中期までの間に,エウェンキ語は漢語やダグール語,ロシヤ語などから政治や経済,文化,教育などに関連する語彙を借用した.これらの数多い借用語の中には,意訳語や半音訳半意訳語,音訳語などが含まれている.

エウェンキ族は,借用語の語幹の後に様々な造語語尾を付加して新語を派生する方法や手段をもっているので,借用語はエウェンキ語において広範に使用され,エウェンキ語の語彙が豊かになる上で重要な役割をはたしている.

エウェンキ族の言語生活

中国のエウェンキ族には文字がないので,入学適齢期になった児童は家族や本人の希望により,それぞれモンゴル語学校か漢語学校に入学する.16世紀の初めに満洲族がモンゴル文字に基づいて満洲文字をつくった後に,エウェンキ族の上層部とその子供達が満洲語を学んだことがある.このような満洲文字学習の伝統が保たれていたために,現在でもエウェンキ族老人の中には,漢字とモンゴル文字はまったく分からないが,満洲文字は知っている人が少なくない.

満洲語は清朝の終焉と運命をともにしてほとんど消滅してし

I. エウェンキ族とその言語

まったので，その後エウェンキ族はモンゴル文字と漢字を学びはじめた．

フルンブイル市エウェンキ自治旗，ホーチンバルグ旗などに住んでいるエウェンキ族の中にはモンゴル文字を学んだ者は割合に多い．この地方の中年幹部と年を取った幹部の80パーセント以上はモンゴル文字を学んだ経験があり，かれらは勤務先の機関，団体，学校でモンゴル文字とモンゴル語を使っている．

黒龍江省納河県，嫩江県及びフルンブイル盟オロチェン族自治旗，モリンダワダグール族自治旗，エルグナ左市，アロン旗，ザラントン市のエウェンキ族幹部は全員が漢語と漢字を熟知していて，学生たちも漢語と漢字を勉強している．現在は，このように漢語のエウェンキ語に対する影響力がますます大きくなってきていると言えるのである．

1985年の統計によると，現在，エウェンキ族自治旗には全旗の人口107560人のうち，エウェンキ族7251人以外に，モンゴル族11416人，漢族71837人，回族1019人，満州族1459人，ダグール族13983人，オロチェン族128人となっている．

II. 会　　話

1．挨拶語

aya aŋugga
　良い　　挨拶

1.1 日常の挨拶

　inigni aya aŋugga
　　昼間の　良い　　挨拶

単語と語尾

aŋugga 挨拶	inig	tannagaŋ そう	bəy 体, 人
ʃi あなた	日, 昼間, 天気	nugaŋ	mi 私
oo- する, なる	tara 彼, 彼女	彼, 彼女	gi か
biʤi-	aya 元気, 良い	naaŋ も	
ある, いる	ʃiɲʥə です		

-haŋ 比較一級の語尾	-wi 一人称単数語尾
-nde 二人称単数現在・未来形語尾	-ʃi 二人称単数語尾
-me 一人称単数現在・未来形語尾	-so 過去形三人称単数語尾
-ni 属格の語尾	

1　　ayahaŋ gi.
　　　　元気　　か

　　　　　　　　　お元気ですか．

— 16 —

II. 会　話（1. 挨拶語）

2 aya.
　　元気

　　　　　　　元気です．

3 ayahaŋ bidʒinde gi.
　　元気　　　いる　　か

　　　　　　　お元気でいますか．

4 ayahaŋ bidʒime.
　　元気　　　いる

　　　　　　　元気でいます．

5 ʃini　bəyʃi aya gi.
　あなたの　体　元気　か

　　　　　　　あなたの体は元気ですか．

6 mini bəywi aya.
　　私の　体　　元気

　　　　　　　私の体は元気です．

7 nugaŋ ayahaŋ gi.
　　彼　　　元気　　か

　　　　　　　彼は元気ですか．

8 tara naaŋ ayahaŋ gi.
　彼女　も　　元気　　　か

　　　　　　　彼女も元気ですか．

9 tara aya ʃiŋdʒə.
　彼女　元気　です

　　　　　　　彼女は元気ですよ．

10 tara naaŋ aya.
　彼女　も　　元気

　　　　　　　彼女も元気です．

— 17 —

11 aya inig ooso.
　　良い　天気　になったね
　　　　　　　　　良い天気ですね．

12 tannagaŋ ʃiŋdʒə.
　　そう　　　ですね
　　　　　　　　　そうですね．

1.2 年寄りの挨拶

ətihəŋ saddesalni aya aŋugga
お爺さん　お婆さん達の　良い　挨拶

単語と語尾

ət(i)həŋ おじいさん sadde おばあさん	nanda 良い anitti ちょっと	biʃiŋ ある bəy 体，人	abagar 元気
-sal 複数語尾			

13 abagar bidʒinde gi.
　　元気　　　いる　　か
　　　　　　　　あなたは元気でいるか．

14 abagar bidʒime.
　　元気　　　いる
　　　　　　　　私は元気でいる．

15 bəyʃi abagar gi.
　　体　　　元気　　か
　　　　　　　　あなたの体は元気か．

II. 会 話(1. 挨拶語)

16 bəywi abagar ʃiŋdʒə.
  体 元気 ですよ
      私の体は元気ですよ.

17 bəyʃi nanda gi.
  体 良い か
      あなたの体は元気か.

18 bəywi nanda.
  体 良い
      私の体は元気ですよ.

19 anitti nanda.
 ちょっと 良い
      私の体はまあ良い.

1.3 朝の挨拶

 əddəni aya aŋugga
  朝の 良い 挨拶

単語と語尾

əddə 朝 goyo 良い ʉnənti 本当	amra- 休む ittʉ どんなに	aaʃina- 寝る mandi 非常に yəm です	nandahaŋ 素晴らしい ondiduruŋ どのような
-sa/-tʃa 過去形単数二人称語尾 -su/-tʃu 過去形単数一人称語尾		-dʒi 道具格語尾 (yəm)-ə 感嘆詞	

20 nandahaŋdʒi amrasaʃi gi.
   よく   休みました か
    よく休みましたか.

21 nandahaŋdʒi amrasu.
     よく　　　　休みました
     　　　　よく休みました．

22 mandi nandahaŋdʒi amrasu.
     非常に　　　よく　　　　休みました
     　　　　十分によく休みました．

23 nandahaŋdʒi aaʃiŋtʃaʃi gi.
     よく　　　　　寝ました　　か
     　　　　よく休みましたか．

24 nandahaŋdʒi aaʃiŋtʃu.
     よく　　　　　寝ました
     　　　　よく休みました．

25 mandi goyodʒi aaʃiŋtʃu.
     非常に　素晴らしい　寝ました
     　　　　十分によく休みました．

26 ittɨ　nandahaŋ inig　ooso.
     どんなに　素晴らしい　日　になった
     　　　　ほんとに良い天気の日になったね．

27 tannagaŋ ʃiŋdʒə.
     そう　　　ですね
     　　　　そうですね．

28 ondiduruŋ nandahaŋ əddə　yəmə.
     どのような　素晴らしい　朝　でしょうね
     　　　　どんなに素晴らしい朝でしょうね．

29 ɨnənti tannagaŋ ʃiŋdʒə.
     本当　　　そう　　　ですね
     　　　　ほんとにそうですね．

Ⅱ．会 話（1．挨拶語）

1.4 晩の挨拶

ʃigsəni aya aŋugga
　晩の　　良い　　挨拶

単語と語尾

ʃigsə 晩，夜	dolob 夜	tokke 夢	timaaʃiŋ 明日
əʃi 現在，今	bi 私	əri これ	bahaldi- 会う
bʉʉ- あげる	tokkeʃi-	tookte はい	əŋŋəl ゆっくり
amakkaŋ 早く	夢をみる	adda- 楽しむ	ottotʃtʃi すぐ
oodoŋ はい	dahidʑi また	dʑaa じゃ，はい	

-ha/ka 願望法単数二人称語尾	-dʉ 与格語尾
-dʑime 直説法現在形一人称語尾	-wal 再帰人称複数語尾
-kte/-gare	-da 動詞から動詞を派生する語尾
願望法単数一人称語尾	
-m 連合副動詞語尾	

30　əŋŋəl amraha.
　　ゆっくり　休んで下さい
　　　　　　　　　ゆっくり休んで下さい．

31　tookte, ʃi naaŋ amakkaŋ amraha.
　　はい，　あなた　も　　はやく　　休んでください
　　　　　　　　　はい，あなたもはやく休んでください．

32　tookte, bi naaŋ əʃi ottotʃtʃi amrame.
　　はい，　私　も　今　すぐ　　休みます
　　　　　　　　　はい，私も今すぐ休みます．

33 ʃi　　　nandahaŋdʒi aaʃiŋka.
　　あなた　　素晴らしい　　寝て下さい
　　　　　　　　　　　　あなたは十分に寝て下さい．

34 tookte.
　　そうしましょう
　　　　　　　　　　はい．

35 əri dolob goyodʒi　amraha.
　　この　夜　　良い　　休んでください
　　　　　　　　今晩ゆっくり休んでください．

36 oodoŋ, ʃindʉ mandi addadʒime.
　　はい，　あなたに　非常　　　有難う
　　　　　　　　　　はい，本当に有難うございました．

37 əri dolob nandahaŋ tokke tokkeʃiha.
　　この　夜　　　良い　　　夢　夢を見て下さい
　　　　　　　　今夜良い夢を見て下さい．

38 oodoŋ, ʃindʉ nandahaŋ tokke tokkeʃim
　　はい　あなたに　　良い　　　夢　　　夢を見て
bʉʉkte.
もらいましょう
　　　　　　　　はい，あなたに良い夢を見てもらいましょう．

39 dʒaa, timaaʃiŋ bahaldigare.
　　じゃ，　　明日　　　会いましょう
　　　　　　　　じゃ，明日会いましょう．（さようなら）．

40 dʒaa, dahidʒi bahaldidawal.
　　じゃ，　また　　　会いましょう
　　　　　　　　じゃ，また会いましょう（じゃ，こんど．
　　　　　　　　じゃ，またね）．

II. 会　話（1. 挨拶語）

1.5　牧畜やトナカイに関する挨拶

adosuŋ ootʃtʃi orooŋʤi dalʤiʃi aya aŋugga
家畜　　と　　トナカイ　に関する　良い　挨拶

単語と語尾

honiŋ 羊	ʉhʉr 牛	orooŋ トナカイ	adosuŋ 家畜
bokkoŋ 神	ʉr 山	bayta 事	dalʤi 関係
hokko 皆,全部	adda- 楽しむ	oŋko- 草を食う	yʉʉ- 登る,出る
sʉt すべて	aaʃiŋ なし	ooŋ はい	
ootʃtʃi と,及び			

-bi 単数一人称語尾	-muŋ 複数一人称除外形語尾
-suŋ 複数二人称語尾	-dihi 奪格語尾
-so/-sə 直説法過去形単数三人称語尾	-ʃi 有格語尾
	-ya 非確定対格語尾

41　honiŋsuŋ baytaya aaʃiŋ gi.
　　　羊　　　　事　　　無　か
　　　　あなたたちの羊は無事ですか.

42　ooŋ, baytaya aaʃiŋ.
　　はい,　　事　　　無
　　　　はい,無事です.

43　ʉhʉrʃi sʉt əməggisə gi.
　　　牛　　すべて　帰ってきた　か
　　　　あなたの牛はすべて帰ってきたか.

44 bokkoŋni ayadʒi hokko əməggisə.
　　神様の　　おかげで　皆　　帰ってきた
　　　　　　神様のおかげさまで皆帰ってきた．

45 adosuŋsuŋ ayadʒi oŋkoso gi.
　　家畜　　　　よく　草を食った　か
　　　　　　あなたたちの家畜は草をよく食べたか．

46 tannagaŋ nandahaŋdʒi oŋkoso.
　　そうね　　素晴らしい　草を食った
　　　　　　そうですね，草を素晴らしく食べました．

47 orooŋʃi urdu yuusə gi.
　　トナカイ　山に　登った　か
　　　　　　あなたのトナカイは山に登ったか．

48 sut urdu yuusə.
　　皆　山に　登った
　　　　　　皆山に登った．

49 orooŋʃi urdihi əməggisə gi.
　　トナカイ　山から　帰ってきた　か
　　　　　　あなたのトナカイは山から帰ってきたか．

50 ʃinidu addadʒime, orooŋbi urdihi əməggisə.
　　あなたに　有難う　トナカイ　山から　帰ってきた
　　　　　　あなたに有難う，私のトナカイは山から
　　　　　　帰ってきた．

51 orooŋsuŋ hokko aya gi.
　　トナカイ　　皆　元気　か
　　　　　　あなたたちのトナカイは皆元気ですか．

Ⅱ. 会 話（1. 挨拶語）

52 orooŋmuŋ baytaya aaʃiŋ.
　　トナカイ　　事　　　無
　　　　私たちのトナカイは平安無事ですか．

53 orooŋsuŋ hokko aya.
　　トナカイ　　皆　元気
　　　　私たちのトナカイはみな元気．

54 ʃini　orooŋʃi nandahaŋdʒi amrasa gi.
　あなたの トナカイは　　よく　　休みました か
　　　　あなたのトナカイはよく休みましたか．

55 tannagaŋ ʃiŋdʒə.
　　そう　　　です
　　　　そうですね．

エウェンキ族の英雄，ハイランチャ

2. 日常会話
inig taŋiŋni dʒiŋdʒimaʃigga
　　日　　　毎の　　　　　　会話

2.1 あなたのお名前は何といいますか

　　ʃini　gəbbiʃi awu
　　あなたの　名前　　誰

単語と語尾

gəbbi 名前	unaadʒ 娘	awuhat 誰でも	həggəŋ 文字
awu 誰	amida 後	doroŋ 印	aliya アリヤ
igga 花	haylaŋtʃa	aaŋgil 英語	ilə どこ
ʃiŋbo シンボウ	ハイランチャ	məəni 自己	saasuŋ 紙
tiri- 押す	ətə- 終る	dʒori- 書く	tookkiwi
baytalaraŋ	gʉnəŋ いう		そうしたら
用いる			
hərətʃtʃi 必要			
-niŋ 単数三人称語尾		-ŋtʃə	
-ʃi 有格語尾		動詞から名詞をつくる派生語尾	

56　ʃini　　gəbbiʃi awu.
　　あなたの　名前　　誰
　　　　あなたのお名前は何といいますか.

57　mini gəbbiwi bikkiwi haylaŋtʃa gʉnəŋ.
　　私の　　名前　　は　　ハイランチャ　いう
　　　　私の名前はハイランチャと申します.

II. 会話（2. 日常会話）

58 nugaŋni gəbbiniŋ awu tari.
　　彼の　　　名前　　　誰　彼
　　　　　彼のお名前は何といいますか．

59 nugaŋni gəbbiniŋ bikki ʃiŋbo ʃiŋdʒə.
　　彼の　　　名前　　　は　シンボウ　です
　　　　　彼の名前はシンボウです．

60 tarani gəbbiniŋ ni gɯnəŋ.
　　彼女の　　名前　誰　という
　　　　　彼女の名前は何といいますか．

61 tarani gəbbiniŋ bikki igga gɯnəŋ.
　　彼女の　　名前　　は　　花　　という
　　　　　彼女の名前は花といいます．

62 gəbbiwi dʒorir baytaʃi gi.
　　名前を　書く　必要が有る　か
　　　　　名前を書く必要がありますか．

63 awuhat dʒaariŋ gəbbiwi dʒorir hərətʃtʃi.
　　だれ　　でも　　名前を　　書く　　必要がある
　　　　　だれでも名前を書く必要がある．

64 tannagaŋ gi.
　　そうです　か
　　　　　そうですか．

65 bi gəbbiwi ilə dʒorime.
　　私は　名前を　どこに　書きますか
　　　　　私は名前をどこに書きますか．

66 gəbbiwi əri saasuŋni oroondo dʒoriha.
　　名前を　この　　紙の　　　上に　　書いてください
　　　　　お名前をこの紙の上に書いて下さい．

67 tookkiwi bi gəbbiwi dʒorikte.
そうしたら 私は 名前を 書きます
そうしたら私は名前を書きましょう．

68 gəbbiwi nandahaŋdʒi dʒoriha.
名前を きちんと 書いてください
名前をきちんと書いてください．

69 gəbbiwi ondi həggəŋdʒi dʒorime.
名前を どんな 文字で 書きますか
名前はどんな文字で書きますか．

70 aaŋgil ootʃtʃi məəni həggəŋdʒi dʒoriha.
英語 と 自己の 文字で 書いてください
英語と自分の民族の文字で書いて下さい．

71 oodoŋ.
はい
はい．

72 gəbbiniwi amidaduni məəni doroŋbi tirihə.
名前の 後に 自分の 印を 押して下さい
名前の後に自分の印を押して下さい．

73 doroŋbi tirim ətəsʉ.
印を 押した 終りました
印を押し終りました．

74 ʃini unaadʒʃi ondi gəbbiʃe.
あなたの 娘 どんな 名前
あなたの娘は何といいますか．

75 mini unaadʒni gəbbiniŋ bikkiwi aliya gʉnəŋ.
私の 娘の 名前 は アリヤ という
私の娘の名前はアリヤと申します．

Ⅱ. 会 話（2. 日常会話）

76 aliya guɳtʃə ʃi əwəŋki gəbbi gi.
　　アリヤ　という　は　エウェンキ　名前　か
　　　　　　アリヤというのはエウェンキ語の名前ですか．

77 tannagaŋ, əwəŋkini gəbbi ʃiɳdʒə.
　　　そうです　エウェンキ語の　名前　です
　　　　　　そうですね，エウェンキ語の名前です．

トナカイの放牧

2.2 これは何ですか

　əri　ohoŋ
　これは　何ですか

単語と語尾

ada 姉	əwəŋki	ular 人々	ʤəgrəŋ
tala 白樺の皮	エウェンキ	yəəmə もの	キバノロ
təti 服	ʤuu 部屋	tuhu 敷き布団	nanda 皮
uldu 肉	ulda 掛け布団	təgəŋkə 椅子	huude 袋
ur 山	ʃirə 机	tuguŋ 冬季	or ベッド
garaadas	hiŋgan 興安嶺	ələr これら	doolo 中, 内
度, 気温	tari	inigiddi 寒い	ohi 何
ohoŋ なに	それ, あれ	təgə- 座る	dəhi 四十
toŋ 五	namaddi	təwə- 入れる	iggi- 飼う
eʃe-	暖かい		ʤittə- 食べる
着く, 発つ	duruŋ よう		
olgi-	baytala- 使う		
乾燥させる			

-ʤisə 直説法複数二人称過去進行形語尾	-r 形容詞現在・将来形語尾
-raŋ/-rəŋ 直説法単数・複数現在・将来形語尾	-yə 非確定対格語尾
	bikki 主辞と賓辞とを連結する語. 繋辞.
-sal/-səl 複数語尾	-niŋ 再帰人称語尾

78　ada, əri ohoŋ.
　　　姉　これ　なに
　　　　　姉さん，これは何ですか．

Ⅱ. 会　話（2. 日常会話）

79 əri bikki orooŋ ʃiŋdʒə.
これ　は　トナカイ　です
　　　　　これはトナカイです．

80 əri ohoŋ yəəmə.
これ　なに　ものか
　　　　これは何ものですか．

81 əri bikki taladʒi ooso dʒʉʉ.
これ　は　白樺の皮で 作った　部屋
　　　　これは白樺の皮で作った部屋．

82 taladʒi ooso dʒʉʉdʉ bəy təgərəŋ gi.
白樺の皮で 作った 部屋に　人　住む　か
　　　白樺の皮で作った部屋に人が住みますか．

83 turtaŋdiwi əwəŋki ular təgədʒisə.
　　昔　エウェンキ　人々　住んでいた
　　　　昔はエウェンキ人たちが住んでいた．

84 ondi əwəŋki bəy təgədʒisə.
どんな エウェンキ 人　住んでいたか
　　　どんなエウェンキ人が住んでいましたか．

85 orooŋ iggir əwəŋki bəy təgədʒisə.
トナカイ 飼う エウェンキ 人　住んでいた
　　　トナカイを飼うエウェンキ人が住んでいた．

86 ada, tari ohoŋ.
　姉　それ　なに
　　　　姉さん，それはなんですか．

87 tari bikki ʃirə ootʃtʃi təgəŋkə.
それ　は　机　と　椅子
　　　　それは机と椅子です．

88 tari naaŋ ʃirə gi.
   それ　も　　机　ですか
   　　　　　　それも机ですか．

89 əntə, tari ʃi ʃirə əntə.
   違う　それ　は　机　ではない
   　　　　　違います，それは机ではありません．

90 tookkiwi tari ʃi ohoŋ.
   そしたら　それ　は　何ですか
   　　　　　そしたらそれは何ですか．

91 tari bikki　or　ʃiŋdʒə.
   それ　は　　ベッド　です
   　　　　　それはベッドです．

92 nandadʒi ooso yəəmə ʃi ohoŋtare.
   皮で　　作った　物　は　何ですか
   　　　　皮で作った物は何ですか．

93 ulda　ootʃtʃi tuhu ʃiŋdʒə.
   かけ布団　と　敷き布団　です
   　　　　　かけ布団と敷き布団です．

94 ələrbə hokko ondi nandadʒi ooso.
   これらを　すべて　どんな　皮で　作った
   　　　　　これらをすべてどんな皮で作りましたか．

95 hokko orooŋ ootʃtʃi dʒəgrəŋni nandadʒi
   すべて　トナカイ　及び　キバノロの　皮で
   ooso ʃiŋdʒə.
   作った　です
   　　　　　すべてトナカイ及びキバノロの皮で作ったものです．

II. 会　話（2. 日常会話）

96 tookki mandi namaddi ʃiŋdʒə.
そうならば　非常に　暖かい　ですね
　　　　　そうならば非常に暖かいですね．

97 tannagaŋ ʃiŋdʒə.
そう　　　ですね
　　　　　そうですね．

98 hiŋgaŋ ʉr doolo tʉguŋdʉwi mandi inigiddi.
興安嶺　山　中　　冬　　　非常に　寒い
　　　　　興安嶺の山の中は冬になると非常に寒い．

99 inigiddi niŋ ohi garaadas biʃiŋ.
寒さ　　は　何　度　　　ある
　　　　　寒さは何度ありますか．

100 dəhi toŋ garaadas naaŋ eʃeraŋ.
四十　五　度　　　も　達する
　　　　　零下四十五℃にも達する．

101 tannagaŋ dʉrʉŋ inigiddi gi.
その　　　ように　寒い　　か
　　　　　そんなに寒いですか．

102 tootʃtʃi bəysəl nanda ulda tuhu baytalaraŋ.
だから　　人々　　皮　掛け布団 敷き布団　必要する
　　　　　だから人々は皮で作った掛け布団と敷き
　　　　　布団を必要とします．

103 tari naaŋ nandadʒi ooso yəəmə gi.
それ　も　皮で　作った　もの　か
　　　　　それも皮で作ったものですか．

104 tari ʃi nanda təti ʃiŋdʒə.
それ　は　　皮　　服　　　です
　　　　　　　それは皮で作った服です．

105 əri naaŋ nanda təti gi.
これ　　も　　皮　　服　　か
　　　　　　これも皮でつくった服ですか．

106 əri bikki nanda huude ʃiŋdʒə.
これ　　は　　皮　　袋　　　　です
　　　　　　　これは皮で作った袋です．

107 nandadʒi ooso huude doolo ohoŋ təwərəŋ.
　皮で　　作った　袋　　　中　　何　　　入れる
　　　　　　皮で作った袋の中に何を入れますか．

108 olgisa　uldu ootʃtʃi dʒittər yəəməyə təwərəŋ.
乾燥させた　肉　　及び　　食べ　　ものを　　入れる
　　　　　乾燥させた肉及び食べものを入れます．

109 tari ʃi olgisa　uldu gi.
それ　は　乾燥させた　肉　　か
　　　　　それは乾燥させた肉ですか．

110 tannagaŋ ʃiŋdʒə.
　　そう　　　　です
　　　　　　そうです．

111 tarisal ʃi sut orooŋni uldu gi.
それら　は　すべて　トナカイの　肉　か
　　　　　それらはすべてトナカイの肉ですか．

112 tarisal ʃi orooŋ ootʃtʃi dʒəgrəŋni uldu.
それら　は　トナカイ　と　　キバノロの　　肉
　　　　　それらはトナカイとキバノロの肉です．

II. 会　話（2. 日常会話）

113 tala　bidʒir ʃi hokko orooŋ gi.
　　　あそこに　いるの　は　すべて　トナカイ　か
　　　　あそこにいるのはすべてトナカイですか.

114 sʉt orooŋ ʃiŋdʒə.
　　　みな　トナカイ　です
　　　　みなトナカイです.

2.3 何をしていますか

ohoŋ oodʒinde
　何　　している

単語と語尾

amiŋ 父	aba 父	əniŋ 母	əmmə 母
ahiŋ 兄	əhiŋ 姉	nəhʉŋ 弟	təggətʃtʃij 衣服
bitig 本, 文字	yopoŋ 日本	əməhəyə 一人	ane 年
dʒaʃihaŋ 手紙	dashal 宿題	bɵmbɵg	honoor 日日
bəyʉ 狩猟	təggʉ 道路	ボール	giltariŋ 白い
amaʃigi 以後	ohidu 何時	ilaŋ 三	dʒaariŋ ために
tati- 勉強する	iʃi- 見る, 読む	tatʃtʃil 彼ら	nini- 行く
ʉgii- 遊ぶ	ugu- 乗る	ətə- できる	arukka-
əməggi-	ʃikki- 洗う	dʒʉha- 治す,	掃除する
帰ってくる	moriŋ 馬	作る	adolaraŋ （口
			語形）放牧す
			る

-dʒiraŋ 　直説法単数・複数三人称語尾	-ra 否定語の動詞語尾 -nel 複数三人称語尾 əʃim 単数一人称否定辞

115 ʃi　　ohoŋ　oodʒinde.
　　あなた　　何　　している
　　　　　　　　　　あなたは何をしていますか．

116 bi bitigyə iʃidʒime.
　　私　　本　　読んでいる
　　　　　　　　私は本を読んでいます．

117 ondi bitigyə iʃidʒinde.
　　どんな　本を　　読んでいる
　　　　　　　　どんな本を読んでいますか．

118 yopoŋ bitigwə iʃidʒime.
　　日本語　　本を　　読んでいる
　　　　　　　　日本語の本を読んでいます．

119 ohidu yopoŋ bitigwə tatisaʃe.
　　いつから　日本　　文字を　勉強したか
　　　　　　　いつから日本文字を勉強しましたか．

120 ilaŋ ane oodʒime.
　　三　　年　なっている
　　　　　　　　三年になっています．

121 yopoŋdʒi dʒaʃihaŋba dʒorim ətənde gi.
　　日本語で　　　手紙を　　　書く　　できる　　か
　　　　　　日本語で手紙を書くことができますか．

122 bi ətəme.
　　私　できる
　　　　　　私はできます．

123 tara ohoŋ oodʒiroŋ.
　　彼　　何　している
　　　　　　　　彼は何をしている．

II. 会話 (2. 日常会話)

124 tara dashalwi oodʒiroŋ.
 彼 宿題を している
      彼は宿題をしている．

125 nəhʉnʃi ohoŋ oodʒiroŋ.
 弟 何 している
     あなたの弟は何をしていますか．

126 nəhʉnbi ʉgiidʒirəŋ.
 弟   遊んでいる
     私の弟は遊んでいます．

127 ohoŋ ʉgiidʒirəŋ.
 なに 遊んでいる
    なにして遊んでいますか．

128 bəmbəgdʒi ʉgiidʒirəŋ.
 ボールで 遊んでいる
    ボールで遊んでいる．

129 ahiŋʃi ohoŋ oodʒiroŋ.
 兄 何 している
     あなたの兄は何をしていますか．

130 ahiŋbi bikki honiŋbo adoladʒirəŋ.
 兄 は 羊を   放牧する
     私の兄は羊を放牧している．

131 nugaŋ moriŋ ugudʒiroŋ.
 かれ 馬 乗っている
    かれは馬に乗っています．

132 ahiŋʃi ondi moriŋ ugudʒiroŋ.
 兄 どんな 馬 乗っている
   あなたの兄はどんな馬に乗っていますか．

133 tara giltariŋ moriŋ ugudʑiroŋ.
　　　彼　　　白い　　　馬　　　乗っている
　　　　　　　彼は白い馬に乗っています．

134 əhiŋʃi ohoŋ oodʑiroŋ.
　　　姉　　　何　　している
　　　　　　　あなたの姉は何をしていますか．

135 əhiŋbi təggətʃtʃiwə ʃikkidʑiraŋ.
　　　姉　　　　衣服を　　　　洗っている
　　　　　　　姉は衣服を洗っています．

136 əmməʃi biʃiŋ gi.
　　　お母さん　いる　か
　　　　　　　あなたのお母さんはいますか．

137 əmməwi dʑuuduwi biʃiŋ.
　　　母　　　部屋に　　いる
　　　　　　　私の母は部屋にいます．

138 əmməʃi naaŋ təggətʃtʃiyə ʃikkidʑiraŋ gi.
　　　お母さん　も　　衣服を　　　洗っている　　か
　　　　　　　あなたのお母さんも衣服を洗っていますか．

139 əmməwi dʑuuwə arukkadʑiraŋ.
　　　母　　　部屋を　　掃除している
　　　　　　　母は部屋を掃除している．

140 abaʃi dʑuuduwi ohoŋ oodʑiroŋ.
　　　お父さん　部屋で　　何　　している
　　　　　　　あなたのお父さんは部屋で何をしていますか．

141 mini amiŋbi dʑuuduwi aaʃiŋ.
　　　私の　　父　　　部屋に　　ない
　　　　　　　私の父は部屋にいません．

II. 会　話（2．日常会話）

142 ʃini　abaʃi ilə　ninisə.
あなたの　お父さん　どこ　行きましたか
　　　　　あなたのお父さんはどこへ行きましたか．

143 amiŋbi ʉrdʉ yʉʉsə.
　　父　　山に　登った
　　　　　父は山に登った．

144 ʉrdʉ yoodoŋ yʉʉsə.
　山に　どうして　登った
　　　　　山に何するために行きましたか．

145 bəyʉwə oorni dʒaariŋ ninisə.
　狩猟を　　する　ために　行きました
　　　　　狩猟をするために行きました．

146 əməhəyə　ninisə　gi.
　一人で　行きました　か
　　　　　一人で行きましたか．

147 ɵntɵ, ilaŋnel ninisə.
　違う　　三人　　行きました
　　　　　そうではない，三人一緒に行きました．

148 ohidu ʉrdihi əməggirəŋ.
　何時　山から　帰って来ますか
　　　　　何時山から帰って来ますか．

149 əmʉŋ nadaŋ honoordihi amaʃigi əməggirəŋ.
　一　　七　　日　　　　以後　帰って来ます
　　　　　一週間後に帰って来ます．

150 tala bidʒir ular ohoŋ oodʒiroŋ.
　あそこ　いる　人々　何　している
　　　　　あそこにいる人々はなにをしていますか．

— 39 —

151 bi əʃim saara.
　　私　ない　分から
　　　　　　　　私は分かりません．

152 əri bəysəl ohoŋ oodʒiroŋ.
　　この　人々　なに　している
　　　　　　　　この人々はなにをしていますか．

153 tatʃtʃil təgguwu dʒuhadʒiraŋ.
　　彼ら　　道路　　　作っている
　　　　　　　　彼らは道路を作っている．

2.4 あなたはどんな仕事をしていますか

ondi gəbbəyə oodʒinde
どんな　仕事を　していますか

単語と語尾

gəbbə 仕事	tasug 学校	səwə 先生	sewe 学生
ukkəhəŋ 息子	urirəŋ 村	naalla 手	unugun 牛乳
hədə 牧場	maʃiŋ 機械	ore 晩	əriŋ 時間, 回
dʒiŋdʒigga	sag 時間, 時計	ilə どこ	gotiŋ 三十
言葉	dʒaaŋ 十	dʒahoŋ 八	dʒuur 二
namaadʒ 百	niŋun 六	meŋgan 千	nisuhuŋ
digiŋ 四	ʃibba- 教える	saga- 搾る	小さい
baraaŋ 多い	saa- 知る	taŋiŋ 毎	adola-
ə- ない	tali ぐらい	oo はい	放牧する
uluhu 余			hokkodʒiwol
			合わせて

Ⅱ. 会 話 (2. 日常会話)

154 ʃi ondi gəbbəyə oodʒinde.
あなた どんな 仕事を している
　　　　あなたはどんな仕事をしていますか．

155 bi bikkiwi nisʉhʉŋ tasugni səwə ʃiŋdʒə.
私 は 小さい 学校の 先生 です
　　　　私は小学校の先生です．

156 ʃi nisʉhʉŋ tasugdu ohoŋ ʃibbadʒinde.
あなた 小さい 学校で 何 教えますか
　　　　あなたは小学校で何を教えていますか．

157 bi bikkiwi əwəŋki dʒiŋdʒiggawa ʃibbadʒime.
私 は エウェンキ 言葉を 教えている
　　　　私はエウェンキ語を教えている．

158 əmʉŋ inig adi əriŋ ʃibbadʒinde.
一 日 何 時間 教えていますか
　　　　毎日何時間教えていますか．

159 əwəŋki dʒiŋdʒiggani ʃibbagga inig taŋiŋ aaʃiŋ.
エウェンキ 言葉の 教え 日 毎 なし
　　　　エウェンキ語の授業は毎日ありません．

160 tookkiwi, əmʉŋ nadan inigdʉ adi əriŋ biʃiŋ.
それならば 一 七 日 何 回 ある
　　　　それならば，一週間何回ありますか．

161 ilaŋ əriŋ biʃiŋ.
三 回 ある
　　　　三回あります．

162 ʃinidu ohi sewe biʃiŋ.
あなたに 何 学生 いる
　　　　あなたには学生が何人いますか．

163 hokkodʒiwol gotiŋ niŋʉŋ sewe biʃiŋ.
　　　合わせて　　　三十　　六　　学生　　いる
　　　　　　合わせて三十六人の学生がいます．

164 nugaŋ ondi gəbbəyə oodʒiroŋ.
　　　彼は　どんな　仕事を　　している
　　　　　　彼はどんな仕事をしていますか．

165 nugaŋ bikkiwi ʉhʉr iggidʒirəŋ.
　　　彼は　　　は　　牛　　飼っている
　　　　　　彼は牛を飼っている．

166 ohi ʉhʉr iggidʒinde.
　　　何　　牛　　飼っていますか
　　　　　　何頭の牛を飼っていますか？

167 dʒuur namaadʒ ʉlʉhʉ ʉhʉr iggidʒime.
　　　二　　　　百　　以上　　牛　　飼っている
　　　　　　二百頭以上の牛を飼っている．

168 tannagaŋ baraaŋ ʉhʉrʃi yəm gi.
　　　そんなに　　　多い　　　牛　　です　か
　　　　　　そんなに多くの牛がいるのですか．

169 əri ʉrirəŋni ular sʉt tannagaŋ baraaŋ
　　　この　　村の　　人々　皆　　そんな　　　多い
　　　ʉhʉrʃi ʃiŋdʒə.
　　　牛ある　　です
　　　　　　この村の人々は皆そんなに多くの牛を飼っているのです．

170 tara aʃe bəy ondi gəbbəyə oodʒiroŋ.
　　　その　　女　　人　どんな　仕事を　　　している
　　　　　　その女の人はどんな仕事をしていますか．

Ⅱ. 会　話（2．日常会話）

171 ʉnʉgʉŋ sagar gəbbəwə oodʒiroŋ.
　　　牛乳　　搾る　　仕事を　　している
　　　　　　牛の乳を搾る仕事をしている．

172 tara adi ʉnʉgʉŋbʉ sagadʒiraŋ.
　　彼女　何頭　　牛乳を　　搾っている
　　　　　彼女は何頭の牛の乳を搾っていますか．

173 dʒaaaŋ dʒahoŋ ʉnʉgʉŋbʉ sagadʒiraŋ.
　　　十　　　八　　　牛乳を　　　搾っている
　　　　　　十八頭の牛の乳を搾っている．

174 ʉnʉgʉŋbi maʃiŋdʒi sagadʒiraŋ gi.
　　　牛乳を　　機械で　　搾っている　　か
　　　　　牛の乳を機械で搾っていますか．

175 əntə, hokko dʒʉʉr naalladʒi sagadʒiraŋ.
　　違う　　すべて　　両　　手で　　搾っている
　　　　　違います，すべて両手で搾っています．

176 əmʉŋ inig adi əriŋ sagaraŋ.
　　一　　　日　　何　　回　　搾る
　　　　　毎日何回搾りますか．

177 dʒʉʉr əriŋ sagaraŋ.
　　　二　　回　　搾る
　　　　　二回搾ります．

178 tookki, əddə ootʃtʃi oreduwi sagadʒiraŋ gi.
　　そうしたら　　朝　　と　　夜に　　搾る　　か
　　　　そうしたら，毎朝と毎晩搾りますか．

179 dʒohiraŋ.
　　正しい
　　　　そうです．

エウェンキ語への招待

180 əddəduwi adi sagdu ʉnʉgʉŋbi sagaraŋ.
　　　朝に　　何　　時に　　牛乳　　　搾る
　　　　　　朝は何時に牛の乳を搾りますか．

181 əddəni digiŋ sagdihi sagaraŋ.
　　朝の　　四　　時間から　　搾る
　　　　　朝の四時から搾ります．

182 oreduwi adi sagdu ʉnʉgʉŋbi sagaraŋ.
　　　晩に　　何　　時に　　牛乳　　　搾る
　　　　　　晩は何時に牛の乳を搾りますか．

183 oreduwi bikki niŋʉŋ sag tali sagaraŋ.
　　　晩　　　は　　六　　時間 ぐらい　搾る
　　　　　　晩は六時頃に搾ります．

184 ʉkkəhəŋʃi ilə gəbbəyə oodʒiroŋ.
　　息子　　　どこ　仕事を　　している
　　　　　息子さんはどこで仕事をしていますか．

185 hødødʉ gəbbəwə oodʒiroŋ.
　　牧場で　　仕事を　　している
　　　　　牧場で仕事をしています．

186 hødødʉ ondi gəbbəyə oodʒiroŋ.
　　牧場で　どんな　仕事を　　している
　　　　　牧場でどんな仕事をしていますか．

187 honiŋbo adoladʒiraŋ.
　　羊を　　放牧している
　　　　　羊を放牧しています．

188 ohi honiŋbo adoladʒiraŋ.
　　何　　羊を　　放牧している
　　　　どれぐらいの羊を放牧していますか．

II. 会 話 (2. 日常会話)

189 dʒahoŋ meŋgaŋ honiŋbo adoladʒiraŋ.
　　　八　　　千　　　羊を　　　放牧している
　　　　　　八千頭の羊を放牧しています．

190 ʃini unaadʒʃi ondi gəbbəyə oodʒiroŋ.
　　あなたの　娘　　どんな　仕事を　　している
　　　　あなたの娘さんはどんな仕事をしていますか．

191 mini unaadʒwi gəbbəyə ədʒiraŋ ooro.
　　私の　　　娘　　　仕事を　　ない　　する
　　　　　私の娘は仕事をしてない．

192 tara ohoŋ oodʒiroŋ.
　　彼女は　なに　している
　　　　彼女はなにしていますか．

193 tara bikki əddʉg sʉytaŋdu bitig iʃidʒiraŋ.
　　彼女　は　　大きい　　学校で　　本を　読んでいる
　　　　彼女は大学で勉強しています．

194 oo, bi saasu.
　　はい　私　分かった
　　　　そうですか，私は分かりました．

195 gəə, dahidʒi bahildigare.
　　じゃ，　また　　会いましょう
　　　　じゃ，さようなら．

196 dahidʒi bahildigare.
　　　また　　　会いましょう
　　　　　さようなら．

2.5 あなたはエウェンキ語が分かりますか

ʃi   əwəŋki ʤiŋʤiggawa saande gi
あなた エウェンキ   言葉が   分かる か

単語と語尾

əwəŋki 　エウェンキ moŋgol 　モンゴル daguur 　ダグール ortʃeŋ 　オロチェン nihaŋ 漢 ittooʤogo 　いけない	ʉg 言葉 ʤiŋʤigga 　言葉 mokoŋ 姓 hala 姓 dular 　ドラル(姓)	li 李(姓) niintə 　根，民族 noogu 　以前，前 sʉ あなたたち bʉ 私達	talar かれら ʤiŋʤi- 話す ətə- できる yəəhe など əmi 当然
-wən 再帰人称複数語尾 -ldi 互動態語尾 -tʃtʃuŋ 直説法複数二人称現 　在・将来形語尾 -la 　名詞から動詞を派生する語尾		-wə/-wө 確定対格の語尾 -yə 非確定対格の語尾 -ra 直説法過去形語尾	

197　ʃi   əwəŋki bəy gi.
　　あなた エウェンキ 人 か
　　　　　あなたはエウェンキ人ですか．

II. 会　話（2. 日常会話）

198 bi bikki əwəŋki bəy ʃiɲdʒə.
　　私　は　エウェンキ　人　です
　　　　　私はエウェンキ人です．

199 ʃini　əmmə abaʃi sɯt əwəŋki bəy gi.
　　あなたの　母　父　皆　エウェンキ　人　か
　　　　　あなたの母と父は皆エウェンキ人ですか．

200 mini abawi əwəŋki bəy.
　　私の　父　エウェンキ　人
　　　　　私の父はエウェンキ人です．

201 abaʃi ondi mokoŋʃi yəm.
　　父　どんな　姓　ですか
　　　　　父はどういう姓の人ですか．

202 dular mokoŋni bəy ʃiɲdʒə.
　　ドラル　姓の　人　です
　　　　　ドラル姓の人です．

203 əmməʃi naaŋ əwəŋki bəy gi.
　　母　も　エウェンキ　人　か
　　　　　母もエウェンキ人ですか．

204 əmməwi əwəŋki bəy ɵntə.
　　母　エウェンキ　人　ではない
　　　　　私の母はエウェンキ人ではない．

205 moŋgol bəy gi.
　　モンゴル　人　か
　　　　　モンゴル人ですか．

206 moŋgol bəy naaŋ ɵntə.
　　モンゴル　人　も　ではない
　　　　　モンゴル人でもない．

207 tookkiwi, əmməʃi ondi niintəʃi bəy.
　　そうならば　　母　　どの　　民族　　人
　　　　そしたら，あなたの母はどの民族の人ですか．

208 mini əmməwi bikki nihaŋ bəy.
　　私の　　母　　は　　漢　　人
　　　　私の母は漢人です．

209 ʃini　əmməʃi ondi halaʃi yəm.
　　あなたの　母　　何　　姓　　ですか
　　　　あなたの母は何という姓ですか．

210 li gʉnər halaʃi ʃiŋdʒə.
　　李　という　姓　　です
　　　　李という姓です．

211 ʃi　əwəŋki ʉg saande gi.
　　あなた　エウェンキ　語　分かる　か
　　　　あなたはエウェンキ語が分かりますか．

212 saame.
　　分かる
　　　　分かります．

213 əwəŋkidʒi dʒiŋdʒim ətənde gi.
　　エウェンキ語で　話す　できる　か
　　　　エウェンキ語で話すことができますか．

214 abaʃi əwəŋki ʉg saaraŋ gi.
　　父　エウェンキ　語　分かる　か
　　　　あなたの父はエウェンキ語が分かりますか．

Ⅱ．会　話（2．日常会話）

215 əmi saar ittodʒogo.
　　当然　分かる　　いけない
　　　　　　　　それはあたりまえの事ですよ．

216 əmməʃi naaŋ əwəŋki ʉg saaraŋ gi.
　　　　母　　　も　　エウェンキ　語　分かる　　か
　　　　　　　　あなたの母もエウェンキ語が分かりますか．

217 əmməwi əwəŋki ʉg ayadʒi saaraŋ.
　　　　母　　エウェンキ　語　よく　　分かる
　　　　　　　　私の母はエウェンキ語がよく分かります．

218 nihaŋ ʉg naaŋ saaraŋ gi.
　　　漢　　語　も　　分かる　　か
　　　　　　　漢語も分かりますか．

219 noogu nihaŋ əʃiŋ saar bisə.
　　　前　　　漢　ない　知る　です
　　　　　　　前は漢語ができなかった．

220 əʃi saaraŋ gi.
　　　今　分かる　か
　　　　　　　今では分かりますか．

221 əmʉŋ asohoŋ saaraŋ.
　　　一　　　少し　　分かる
　　　　　　　少し分かります．

222 sʉ　　dʒʉʉdʉwəl əwəŋkidʒi dʒiŋdʒilditʃtʃuŋ gi.
　　あなたたち　　家庭　　エウェンキ語で　　話　　　か
　　　　　　　あなたたちは家庭の中ではエウェンキ語
　　　　　　　で話しますか．

223 bʉ dʒʉʉdʉwəl sʉt əwəŋkidʒi
　　私たち　　家庭　　　皆　エウェンキ語で
　　dʒiŋdʒildimuŋ.
　　　　　話す
　　　　　　　私たちは家庭の中では皆エウェンキ語で
　　　　　　　話します．

224 əwəŋki ʉgdihi ɵntɵ ʉgwʉ naaŋ
　　エウェンキ　語　以外　　語　　も
　　baytalatʃtʃuŋ gi.
　　　　使う　　　　か
　　　　　　　エウェンキ語以外の言語も使いますか．

225 əʃimʉŋ baytalara.
　　　ない　　　　使う
　　　　　　　使いません．

226 əwəŋkidihi ɵntɵ ʉgwʉ saande gi.
　　エウェンキ語　以外　語を　わかる　か
　　　　　　　エウェンキ語以外の言語が分かりますか．

227 taduhi ɵntɵ naaŋ adi dʒiŋdʒiggaya saame.
　　　その　　他　また　幾つ　　言葉を　　　分かる
　　　　　　　その他にまた幾つかの言葉が分かります．

228 ondi ondi dʒiŋdʒiggaya saande.
　　　何　　何　　言葉を　　　　分かる
　　　　　　　どんな言葉が分かりますか．

Ⅱ. 会　話（2. 日常会話）

229 moŋgol, daguur, ortʃeŋ ootʃtʃi nihaŋ ʉg yəəhewə saame.
　　　モンゴル　ダグール　オロチェン　及び　漢　語　　などを　分かる

　　　モンゴル語，ダグール語，オロチェン語及び漢語などが分かります．

230 əmmə abaʃi ərə adi ʉgwʉ hokko saaraŋ gi.
　　　母　父　この　いくつ　言語を　全部　分かる　か

　　　母と父はこのいくつもの言語が全部分かります．

231 talar nihaŋdihi өntөwө hokko saaraŋ.
　　　かれら　漢語　他を　皆　分かる

　　　両親は漢語以外のそのいくつもの言葉が皆できる．

232 nihaŋba əmʉŋ asohoŋ saaraŋ gi.
　　　漢語を　一　少し　分かる　か

　　　漢語が少しばかり分かりますか．

233 tannagaŋ ʃiŋdʒə.
　　　そう　です

　　　そうです．

— 51 —

エウェンキ語への招待

3. 旅　　行

tɵhɵɵrɵm ulirəŋ
旅をして　　行く

単語と語尾

imiŋ イミン yopoŋ 日本 paas バス mʉgʉŋ お金 əri inig 今日 bog 地, 場所等 daayeŋ 円 pəytəŋ 飛行機 səl təggəəŋ 　汽車	moriŋ təggəəŋ 　馬車 ʉhʉr təggəəŋ 　牛車 təməgəŋ təggəəŋ 　駱駝車 hʉləətəŋ ulir təggəəŋ 　寝台バス udʑigu 　後, 以後 noomir 番号 piyo 切符	doo 川 soŋko 窓, 窓口 doliŋ 中 əttʉ このよう ittʉ どのよう ələ ここ ohi 幾ら iri どっち dʑuurhe 　第二番	dʑakka まで baraaŋ 多い hɵɵyi おい doroŋdʑiwi 　自由に hiir 少々 gʉŋkəŋ と dahidʑi また
-səʃi 　直説法過去形複数二人称語尾 -kkiwi 仮定法単数一人称語尾		-thəhi 方向格語尾 -tʃtʃi 動詞完成相語尾	

234 hɵɵyi hɵɵyi.
　　おい　　おい

　　　　おい, おい.

II. 会 話（3. 旅行）

235 ohoŋ.
なに

なに．

236 hiir alaaʃidʒiha.
ちょっと 待って下さい

ちょっと待って下さい．

237 ʃi ondi baytaʃi?
あなた 何 こと

あなたはどんな用事がありますか．

238 bi ʃinidihi təggʉ aŋuum gʉŋdʒime.
私 あなたから 道 聞き たい

私はあなたから道を聞きたい．

239 ʃi ilədihi əməsəʃi.
あなた どこから 来た

あなたはどこから来ましたか．

240 bi yopoŋdihi əməsʉ.
私 日本から 来た

私は日本から来ました．

241 ʃi ohidu yopoŋdihi ədʉ əməsəʃi.
あなた 何時 日本から ここ 来たか

あなたは何時日本からここに来ましたか．

242 bi bikki tiinʉg təliŋ ədʉ əməsʉ.
私 は 昨日 ただ ここ 来た

私はここへ昨日来たばかりです．

243 ʃi ilə nininde.
あなた どこ 行く

あなたはどこへ行きますか．

244 bi imiŋthəhi ninim gʉŋkəŋ dʒooŋdʒime.
　　私　イミンの方へ　　行く　　と　　　思っている
　　　　私はイミンへ行きたいです．

245 imiŋthəhi ninikkiwi　əttʉ　əʃiŋ ʉlirə.
　　イミンの方へ　　　行けば　このよう　ない　歩く
　　　　イミンへ行くのならこのようでは行けません．

246 tookkiwi　ittʉ　ʉlirəŋ.
　　そうしたら　どのように　行く
　　　　そうしたらどのように行きますか．

247 təggəəŋdʉ əʃiŋ təgər əʃiŋ oodo.
　　車に　　　ない　乗る　ない　許す
　　　　車に乗らないといけません．

248 ondi təggəəŋdʉ təgərəŋ.
　　何　　車に　　　乗るか
　　　　どんな車に乗りますか．

249 paasdu təgərəŋ.
　　バスに　乗る
　　　　バスに乗ります．

250 paasdu təgər bog ilə biʃiŋ.
　　バスに　乗る　場所　どこ　ある
　　　　バス乗り場はどこですか．

251 dʒəəŋthəhi ʉlitʃtʃi dahidʒi dʒulidəthəhi
　　東の方へ　　行って　また　南の方へ
　　ʉlikkiwi eʃerəŋ.
　　行けば　着く
　　　　東へ行ってまた南へ行けば着きます．

II. 会　話（3. 旅行）

252 ələ ʃi paasdu təgər bog gi.
ここ　は　バスに　乗る　場所　か
　　　　ここはバスの乗り場ですか．

253 ooŋ, tannagaŋ ʃiŋdʒə.
はい　そう　　　です
　　　　はい，そうです．

254 imiŋthəhi ninir paas biʃiŋ gi.
イミンの方へ　行く　バス　ある　か
　　　　イミンの方へ行くバスがありますか．

255 biʃiŋ.
ある
　　　　あります．

256 adi noomir paasdu təgərəŋ.
何　号　バスに　乗る
　　　　何番のバスに乗りますか．

257 dʒahoŋduhi noomir paasdu təgərəŋ.
八　　　号　バスに　乗る
　　　　8番バスに乗ります．

258 paasni piyowo iləhi gadaŋ.
バスの　切符を　どこ　買う
　　　　バスの切符をどこで買いますか．

259 tari dʒuurhe soŋkoli gadaŋ.
あそこ　二番目　窓口に　買う
　　　　あそこの二番目の窓口で買います．

260 bi imiŋdʉ ninir paasni piyowo gadame.
私　イミンに　行く　バスの　切符　買う
　　　　私はイミンへ行くバスの切符を買います．

261 adi piyowo gadande.
　　何　　切符を　　　買う
　　　　　何人の切符を買いますか．

262 əmuŋ bəyni piyowo gadame.
　　一　　人の　　切符を　　　買う
　　　　　一人の切符を買います．

263 əmuŋ piyo ohi muguŋ.
　　一　　切符　どの　　お金
　　　　　切符はいくらですか．

264 dʒaaŋ dʒahoŋ daayeŋ ʃiŋdʒə.
　　十　　　八　　　円　　　です
　　　　　十八円です．

265 iri inigni piyowo gadande.
　　何　日の　　切符を　　　買う
　　　　　何日の切符を買いますか．

266 əri inig doliŋdihi nooguni piyowo gadame.
　　この　日　　中から　　　前の　　切符を　　　買う
　　　　　今日午前の切符を買います．

267 adi əriŋni piyowo gadande.
　　何　時の　　切符を　　　買う
　　　　　何時の切符を買いますか．

268 dʒaaŋ əriŋ doliŋni piyowo gadame.
　　十　　時　　半の　　切符を　　　買う
　　　　　十時半の切符を買います．

269 paasni doolo sut doroŋdʒiwi təgərəŋ gi.
　　バスの　　中に　皆　　自由に　　　座る　　　か
　　　　　バスの中はみな自由席ですか．

II. 会 話 (3. 旅行)

270 ɵntɵ, sɯt noomirdʒi təgərəŋ.
違う　皆　番号で　座る
違います，みな指定席です．

271 mini piyowi adihe noomir yəm.
私の　切符　何　号　です
私の切符は何番ですか．

272 ʃini piyoʃi niŋɯŋhe noomir ʃiŋdʒa.
あなたの　切符　六　号　です
あなたの切符は六番です．

273 əri paas təggɯdɯwi iliraŋ gi.
この　バス　途中で　止まる　か
このバスは途中で止まりますか．

274 iliraŋ.
止まる
止まります．

275 adi əriŋ iliraŋ.
何　回　止まる
何回止まりますか．

276 toŋ əriŋ iliraŋ.
五　回　止まる
五回止まる．

277 imiŋ dʒakka adi sag ɯliraŋ.
イミン　まで　何　時間　走る
イミンまで何時間走りますか．

278 əmɯŋ sag doliŋ dʒəggə ɯliraŋ.
一　時間　半　ぐらい　走る
一時間半ぐらい走ります．

279 ʃi   imiŋdɯ ohoŋbo oononde.
　　あなた　イミンに　　何を　　　しに行く
　　　　　　あなたはイミンに何をしに行きますか．

280 bi təhøørnəmi.
　　私　　旅へ行く
　　　　　私は旅行に行きます．

281 tari bogdu təhøørnəm ninir bəy baraaŋ gi.
　　その　ところ　　旅に　　　行く　人　多い　　か
　　　　　そちらへ旅行に行く人は多いですか．

282 baraaŋ ʃiŋdʒə.
　　多い　　　です
　　　　　多いです．

283 imiŋ bog mandi nandahaŋ ʃiŋdʒə.
　　イミン　地域　非常に　　美しい　　　です
　　　　　イミン地域は非常に美しいです．

284 ohoŋ niŋ tannagaŋ nandahaŋ.
　　なに　　が　　そんなに　　美しい
　　　　　なにがそんなに美しいですか．

285 tara bogdu atʃtʃaaŋ otʃtʃi nandahaŋ ɯr,
　　その　地域に　天然水　　　と　　　美しい　　　山
　　doo, hədə biʃiŋ.
　　川　草原　　ある
　　　　　その地域には天然の水と美しい山，川，
　　　　　草原があります．

286 tala ninikki moriŋ ugum ətərəŋ gi.
　　あそこ　行けば　　馬　　乗る　　できる　　か
　　　　　あそこへ行けば馬に乗ることができますか．

Ⅱ．会　話（3．旅行）

287 tara ʃi baytaya aaʃiŋ.
　　それ　は　　問題　　　ない
　　　　　　　　それは当然だよ．

288 tannagaŋ yəm gi.
　　そう　　　です　か
　　　　　　そうですか．

289 əmi tanna biʃi.
　　はい　そう　です
　　　　　　はい，そうです．

290 tokkiwi udʒidu bi naaŋ təhөөrnөme.
　　そうなら　後で　私　も　　　旅へ行く
　　　　そうしたら後で私も旅へ行きます．

291 tala ninir pəytəŋ biʃiŋ gi.
　　あそこ　行く　飛行機　　ある　か
　　　　あそこへ行く飛行機はありますか．

292 aaʃiŋ ʃiŋdʒə.
　　ない　　です
　　　　　ありません．

293 tala ninir səl təggəəŋ biʃiŋ gi.
　　あそこ　行く　鉄　　車　　　ある　　か
　　　　あそこへ行く汽車はありますか．

294 səl təggəəŋ naaŋ əʃiŋ ninirə.
　　鉄　　車　　　も　　ない　行く
　　　　汽車も行きません．

295 tookkiwi hʉləətəŋ ʉlir paas biʃiŋ gi.
　　そうしたら　横になって　行く　バス　ある　か
　　　　そうしたら，寝台バスがありますか．

296 hʉləətəŋ ʉlir paas naaŋ aaʃiŋ.
　　横になって　行く　バス　も　　ない
　　　　　　　　寝台バスもありません．

297 tari bogdu baasthi ɵntɵ ondi təggəəŋ biʃiŋ.
　　その　地方で　バス　他　どんな　くるま　ある
　　　　　　その地方でバスの他にどんな車がありますか．

298 moriŋ təggəəŋ biʃiŋ.
　　馬　　車　　ある
　　　　　　馬車があります．

299 moriŋ təggəəŋthi ɵntɵ ondi təggəəŋ biʃiŋ.
　　馬　　車　　　　他　どんな　くるま　ある
　　　　　　馬車の他にどんな車がありますか．

300 ʉhʉr təggəəŋ ootʃtʃi təməgəŋ təggəəŋ
　　牛　車　　　と　　　駱駝　　車
yəəhe biʃiŋ.
　など　ある
　　　　　　牛車と駱駝車などがあります．

II. 会 話（4. ホテルに泊まる）

4. ホテルに泊まる

boodoldu əwərəŋ
ホテルに　　泊まる

単語と語尾

boodol ホテル saasuŋ 紙 ʃigʉŋ 太陽, 光 anahu 鍵 yəəmə 物, 荷物 hөөmө ご飯, 食事 see お茶 ʉkkʉ ドア, 入口 dollar ドル takuʃi タクシー rəŋmimbi 人民幣 əri dakke 付近 yopoŋ mʉgʉŋ 　日本円	əmʉŋ nadaŋ inig 　一週間 bəywi ʃikkir bog 　浴室 ilitaŋ ʃikkir yəəmə 　シャワー əhʉddi mʉʉ お風呂 hөөmө ʤittər bog 　レストラン nihaŋ hөөmө 　中華料理 əwəŋki hөөmө 　エウェンキ料理 moŋgol hөөmө 　モンゴル料理 əwəŋki boodol 　エウェンキホテル əmʉŋdʉhi 第一 ʤʉʉrdʉhi 第二 bayhal 沢山 sola 空いている	adihat 幾つ dahi また huŋ 肯定助詞 əwə- 泊まる gələə- 探す gada- 取る, 買う ʉniim gada- 買う nəə- 置く ʤʉmʃi- 両替する, 　交換する ʤoono- 　思う, 考える -hoŋ 比較一級語尾

301 əri dakke boodol biʃiŋ gi.
　　この　近い　ホテル　ある　か
　　　　　　この付近にホテルがありますか．

302 ədʉ boodol bayhal biʃiŋ.
　　ここ　ホテル　沢山　ある
　　　　　　ここにはホテルが沢山あります．

303 ondi boodolwo gələədʒinde.
　　どんな　ホテルを　　探すか
　　　　　　どんなホテルを探していますか．

304 boggoŋhoŋ boodolwo gələədʒime.
　　大きい少し　ホテルを　　探す
　　　　　　少し大きなホテルを探しています．

305 tara boodol bikki boggoŋhoŋ boodol ooroŋ.
　　その　ホテル　は　大きい少し　ホテル　なる
　　　　　　そのホテルは少し大きなホテルです．

306 təgər bog biʃiŋ gi.
　　泊まる　ところ　ある　か
　　　　　　泊まるところがありますか．

307 sola dʒʉʉ biʃiŋ.
　　空く　部屋　ある
　　　　　　空いている部屋があります．

308 əmʉŋ bəyni dʒʉʉ biʃiŋ gi.
　　一　　人の　部屋　ある　か
　　　　　　一人で泊まる部屋がありますか．

309 aaʃiŋ.
　　ありません
　　　　　　ありません．

Ⅱ．会　話（4．ホテルに泊まる）

310 dʒuur bəyni dʒuu biʃiŋ gi.
　　二　　　人の　　部屋　ある　か
　　　　　　　ツインルームがありますか．

311 dʒuur bəyni dʒuu adihat biʃiŋ.
　　二　　　人の　　部屋　幾つ　ある
　　　　　　　ツインルームが幾つもあります．

312 su　adi bəy əwətʃtʃuŋ.
　　貴方達　何　人　　泊まる
　　　　　　　あなたたち何人泊まりますか．

313 bi əmuhəyə əwəme.
　　私　　一人　　　泊まる
　　　　　　　私は一人でとまります．

314 adi inig əwənde.
　　何　日　泊まるか
　　　　　　　あなたは何日間泊まりますか．

315 əmuŋ nadan inig əwəme.
　　一　　　七　　　日　　泊まる
　　　　　　　私は一週間泊まります．

316 tookki, əri saasuŋdu gəbbiwi dʒoriha.
　　そうしたら　この　　紙に　　　お名前を　書いて下さい
　　　　　　　そうしたら，この紙にお名前を書いて下さい．

317 adi dakkorni dʒuuwu gadande.
　　何　階の　　　部屋を　　必要か
　　　　　　　何階の部屋が欲しいですか．

318 dʒaaŋ dʒahoŋʃi dakkorni dʒuuwu gadame.
　　十　　　八　　　　階の　　　部屋を　　必要です
　　　　　　　十八階の部屋が欲しいです．

— 63 —

319 ʃiguŋthəhi dʒuuwu gadande gi.
　　　太陽向かい　　部屋を　　欲しい　　か
　　　　　　南向きの部屋が欲しいですか．

320 oodoŋ.
　　　はい
　　　　　　はい．

321 tara dʒuu doolo bəywi ʃikkir bog biʃiŋ gi.
　　　その　部屋　中　体を　洗う　所　ある　か
　　　　　　その部屋の中に浴室がありますか．

322 bəywi ʃikkir bog biʃiŋ.
　　　体を　洗う　ところ　ある
　　　　　　浴室があります．

323 ilitaŋ ʃikkir yəəmə biʃiŋ gi.
　　　たって　洗う　もの　ある　か
　　　　　　シャワーがありますか．

324 ilitaŋ ʃikkim naaŋ ətərəŋ.
　　　たって　洗う　も　できる
　　　　　　シャワーもできます．

325 əhuddi muu biʃiŋ gi.
　　　熱い　水　ある　か
　　　　　　お風呂がありますか．

326 sut əhuddi muuʃi ʃiŋdʒə.
　　　みな　熱い　水ある　です
　　　　　　すべての部屋はみなお風呂があります．

327 əri bikki ʃini dʒuuniʃi anahu niŋ.
　　　これ　は　あなたの　部屋の　鍵　です
　　　　　　これはあなたの部屋の鍵です．

Ⅱ．会　話（4．ホテルに泊まる）

328 mini əwər dʒʉʉ adihe noomir yəm.
私の　泊まる　部屋　何　号　です
私の泊まる部屋は何号ですか．

329 dʒahoŋ dakkorni 816 noomirʃi dʒʉʉ oəroŋ.
8　階の　816　号　部屋　です
8階の816号室です．

330 yəəməwi nəər bog biʃiŋ gi.
荷物を　預ける　処　ある　か
荷物預り所がありますか．

331 ədʉhi dʒəəŋthəhi əmʉŋ asohoŋ ʉlikkiwi biʃiŋ.
ここ　左方　一　少しい　行けば　ある
ここからもう少し左の方へ行けばあります．

332 mʉgʉŋ dʒʉmʃim ətərəŋ gi.
お金　両替　できる　か
お金を両替することができますか．

333 ondi mʉgʉŋ dʒʉmʃim gʉŋdʒinde.
何　お金　両替し　たい
どんなお金を両替したいですか．

334 dollarwa dʒʉmʃim gʉŋdʒime.
ドルを　両替し　たい
ドルを両替したい．

335 dollarwa ondi mʉgʉŋdʒi dʒʉmʃinde.
ドルを　何　お金で　両替する
ドルをどんなお金に両替しますか．

336 rəŋmiŋbidʒi dʒʉmʃim gʉŋkəŋ dʒooŋdʒime.
人民元で　両替し　たい　思っている
人民元に両替したいと思っています．

337 namaadʒ dollarwa rənmiɲbidʒi dʒumʃigte.
　　　　百　　　ドルを　　人民元で　　　両替する
　　　　　　百ドルを人民元に両替します．

338 ɵntɵ ondi mʉgʉŋ dʒʉmʃinde.
　　　他　何　　お金　　両替する
　　　　　その他にどんなお金を両替しますか．

339 yopoŋ mʉgʉŋɵ rəɲmiɲbidʒi dʒumʃigəre.
　　　日本　　お金を　　　人民元で　　　両替する
　　　　　日本円を人民元に両替します．

340 əri boodoldu hɵɵmɵwɵ dʒittər bog biʃiŋ gi.
　　　この　ホテルで　　　ご飯を　　食べる　場所　ある　か
　　　　　このホテルにはレストランがありますか．

341 adi adi biʃiŋ.
　　　幾つ 幾つ　ある
　　　　　　幾つもあります．

342 sʉt ondi hɵɵmɵ biʃiŋ.
　　　みな どんな　料理　　ある
　　　　　どんな料理がありますか．

343 nihaŋ hɵɵmɵ, əwəŋki hɵɵmɵ, moŋgol
　　　漢　　料理　　エウェンキ　料理　　モンゴル
　　hɵɵmɵwɵ oodʒiroŋ.
　　　料理を　　　　作る
　　　　　中国料理，エウェンキ料理，モンゴル料理を作っています．

344 see imor bog biʃiŋ gi.
　　　お茶　飲む　場所　ある　か
　　　　　　喫茶店がありますか．

Ⅱ. 会 話（4. ホテルに泊まる）

345 əri boodolni dʒuurduhe dakkurdu biʃiŋ.
この　ホテルの　　　　二　　　　　階に　　　　ある
　　　　　　このホテルの二階にあります．

346 yəəməwə uniim gadar bog ilə yəm.
ものを　　　買う　　取る　　処　　どこ　です
　　　　　　買い物をする商店はどこですか．

347 əmuŋduhe dakkordu biʃiŋ.
　　　一　　　　階に　　　　ある
　　　　　　一階にあります．

348 əri bikki unətti aya boodol huŋ.
これ　　は　　本当に　いい　ホテル　です
　　　　　　このホテルは本当にいいホテルですね．

349 bi dahi naaŋ əri boodoldu əwəme.
私　また　　も　　この　ホテルに　　泊まる
　　　　　　私は今度もこのホテルに泊まります．

350 əri boodolni gəbbiwə ittu gunəŋ.
この　　ホテルの　　　名前を　　　何　　　言う
　　　　　　このホテルの名前を何といいますか．

351 əwəŋki boodol gunəŋ.
エウェンキ　ホテル　　いう
　　　　　　エウェンキホテルといいます．

352 minidu əmuŋ takuʃi əərəm buuhə.
　　　私に　　　一　　タクシー　呼んで　下さい
　　　　　　私にタクシーを一台呼んで下さい．

353 takuʃi ukkudu əmətəŋ bidʒirəŋ.
　　タクシー　入り口に　　来て　　　いる
　　　　　　タクシーは入り口のところに来ています．

― 67 ―

354 mini yəəməwə takuʃini doolo nəəhə.
　　私の　　荷物を　　タクシーの　中　入れて下さい
　　　　　　私の荷物をタクシーの中に入れて下さい．

355 dʒəə, dahidʒi əwəŋki boodoldu əmədəwe.
　　じゃ　また　　エウェンキ　ホテルに　　来て
　　　　　じゃ，またエウェンキホテルに来て下さい．

356 ooŋ, dahidʒi bahildidawal.
　　はい　また　　会いましょう
　　　　　はい，さようなら．

エウェンキ族の民族衣装

II. 会　話（5. 食事）

5. 食　事
hөөmөni bayta
　　食の　　　こと

単語と語尾

gurul 麺	ʉhʉŋʃi see 牛乳茶	tʉbʉgi 果物	yoodoŋ なぜ
ʉldʉ 肉	bəlehə hөөmө 弁当	antan 味	aadawi たまに
oshoŋ 魚	hөөmөni bog レストラン	aaratʃ チーズ	imo- 飲む
see 茶	hөkkөsө nogo 油いための料理	baada 晩, 夜	əmʉ- 持って来る
akki 酒	yopoŋ hөөmө 日本料理	doroŋ 好み	ʤoo- 思う
koohi コーヒー	yoorop hөөmө ヨーロッパ料理	baamuuddi 面倒臭い	əlөө- 煮る
umutta 卵	iʃihiŋ oshoŋ 刺身	əmʉŋ asohoŋ ちょっと	gə か
ʉhʉŋ 牛乳	giltariŋ hөөmө 白い食事, ご飯	dʉrʉŋ 様	
hiləəbə パン	inig doliŋ 昼間	ʤaaŋ ʤʉʉr 十二	

-o 不定格語尾 -bo 定格語尾 -sʉl 複数語尾 -mʉŋ 二人称複数語尾	-təŋ 直説法単数三人称語尾 -tʃtʃə は-bsa 　三人称過去形の変音形式 -tʃtʃʉ は-bsu 　一人称過去形の変音形式

357 ʃi　hөөmөwi dʒitʃtʃəʃi gi.
あなた　ご飯を　　食べた　　か
　　　　あなたは食事をしましたか．

358 hөөmөwi dʒitʃtʃiʃi ətəsʉ.
　　ご飯　　　食べて　終った
　　　　ご飯を食べ終りました．

359 ondi yəəmə dʒitʃtʃəʃi gə.
　　何　　もの　　食べた　か
　　　　どんなものを食べましたか．

360 gurul hөөmөwө dʒitʃtʃʉ.
　　麺　　飯を　　　食べた
　　　　うどんを食べた．

361 ʃi　əddəni hөөmөwi adi əriŋdʉ dʒittənde.
あなた　朝の　　ご飯を　　何　時に　　食べるか
　　　　あなたは朝のご飯を何時に食べますか．

362 bi əddəni hөөmөwi nadaŋ sagdu dʒittəme.
　私　朝の　　　ご飯を　　7　　時に　　食べる
　　　　私は朝ご飯を7時に食べます．

363 əddədʉwi koohi imande gi.
　　　　朝　　　コーヒー　飲む　か
　　　　朝はコーヒーを飲みますか．

Ⅱ．会　話（5．食事）

364 ɯhɯŋʃi seewa imome.
牛乳ある　茶を　　飲む
　　　　　　牛乳茶を飲みます．

365 ohoŋ dʒittənde.
何を　　食べるか
　　　　　何を食べますか．

366 umutta ootʃtʃi hiləəbəwə dʒittəme.
卵　　　と　　　パンを　　食べる
　　　　　卵とパンを食べます．

367 tɯbɯgiwɯ dʒittənde gi.
果物を　　　食べる　　か
　　　　果物を食べますか．

368 bi əddədɯwi tɯbɯgi yəəheyə əʃim dʒittə.
私　　朝　　　果物　　などを　ない　食べる
　　　　私は朝には食事のときに果物などを食べません．

369 ʃi inig doliŋni hөөmөwi ohidu dʒittənde.
あなた　日　中の　　ご飯を　　何時　　食べる
　　　　あなたは昼間のご飯を何時に食べますか．

370 dʒaaŋ dʒɯɯr sag doliŋduli dʒittəme.
十　　　二　　時　半にぐらい　食べる
　　　　十二時半ぐらいに食べます．

371 ondi hөөmөyө dʒittənde.
何　　ご飯を　　食べるか
　　　　どんなご飯を食べますか．

372 yəddi bikki gurul dʒittəme.
普通　　は　　麺　　食べる
　　　　普通は麺を食べます．

— 71 —

373 dʒuuduwi dʒittənde gi.
　　　家で　　　　食べる　　か
　　　　　自宅で食べますか.

374 baraaŋduwi hөөmөni bogdu dʒittəme.
　　多いのは　　　　食事の　　　処に　　　食べる
　　　　レストランで食べるのが多いです.

375 dʒuudihiwi bələhə hөөmөwө əʃinde əmurə gi.
　　家から　　　便利な　　ご飯を　　　ない　　持って来る　か
　　　　家から弁当を持って来ませんか.

376 əmuŋ asohoŋ baamuuddi guŋkəŋ dʒoonome.
　　一　　少し　　　面倒臭い　　と　　　　思う
　　　　ちょっと面倒臭いと思います.

377 aaddawi dʒuudihiwi əmur bayta naaŋ biʃiŋ.
　　たまに　　自宅から　　持って来る　こと　も　　ある
　　　　たまには自宅から持って来ることもあります.

378 baadaduwi adi əriŋdu hөөmөwi dʒittənde.
　　晩　　　何　　時に　　ご飯を　　　食べるか
　　　　晩ご飯を何時に食べますか.

379 baadani niŋuŋ sagdu dʒittəme.
　　晩の　　　六　　時に　　食べる
　　　　夜の六時に食べます.

380 baadaduwi yəddi ohoŋ dʒittənde.
　　晩　　　普通　　何　　食べる
　　　　夜は普通何を食べますか.

Ⅱ．会 話（5. 食事）

381 giltariŋ hɵɵmɵ otʃtʃi hɵkkɵsɵ nogo yəəhewə dʒittəme.
白い　米　及び　炒めた　菜　などを　食べる

　　　　ご飯と油いための料理などを食べます．

382 ɵntɵ naaŋ ohoŋo dʒittənde.
他　も　何　食べる

　　　　その他にも何を食べますか．

383 ələəsə honiŋni ᵾldᵾwᵾ dʒittəme.
煮た　羊の　肉を　食べる

　　　　煮た羊の肉を食べます．

384 baadani hɵɵmɵdᵾwi akkiwa imonde gi.
晩の　食事に　酒　飲む　か

　　　　晩御飯のときに酒を飲みますか．

385 əmᵾhəyə bikki əmᵾŋ naaŋ əʃim imora.
一人　は　一　も　ない　飲む

　　　　一人でいる場合には一口も飲まない．

386 gᵾtʃᵾsᵾlʃi əməkki akkiwa imonde gi.
友達達　来れば　酒を　飲む　か

　　　　友達たちが来れば酒を飲みますか．

387 tari əriŋdᵾ əmᵾŋ asohoŋ imome.
その　時に　一　少し　飲む

　　　　その時には少し飲みます．

388 ondi akkiwa imonde.
何　酒　飲む

　　　　どんな酒を飲みますか．

389 baraaŋduwi pidʒʉ ootʃtʃi ulariŋ akkiwa imome.
　　多いところ　　ビール　及び　赤い　　酒を　　飲む
　　　　　ビールやワインを飲むことが多いです．

390 sʉni dʒʉʉdʉsʉŋ awu hөөmөwө ooroŋ.
　　貴方達の　　家で　　誰　ご飯を　　作る
　　　　あなたたちのうちでは誰が食事を作りますか．

391 sʉt mini aʃewi hөөmөwө ooroŋ.
　　すべて　私の　家内が　食事を　　作る
　　　　すべて私の家内が食事を作ります．

392 tarani oor hөөmө niŋ antanʃi gi.
　　彼女の　作った　食事　は　美味しい　か
　　　　彼女の作った料理は美味しいですか．

393 mandi nandahaŋ antanʃi ʃiŋdʒə.
　　非常に　素晴らしい　美味しい　です
　　　　非常に素晴らしくて美味しいです．

394 sʉ yopoŋni hөөmөwө dʒittətʃtʃʉŋ gi.
　　貴方達　日本　　料理を　　食べる　　か
　　　　貴方達は日本の料理を食べますか．

395 bʉ məənidʒi oom əʃimʉŋ əterə.
　　私達　自分で　作る　ない　　できる
　　　　私達は自分で作ることができません．

396 aadawi yopoŋ hөөmөni bogdu ninitʃtʃi iʃihiŋ
　　たまに　日本　　料理　　店へ　　行って　　生
oshoŋbo dʒittəmʉŋ.
　　魚　　　食べる
　　　　たまに日本料理店へ行って刺身を食べます．

Ⅱ. 会　話（5. 食事）

397 yooropni hөөmөwө dʒittər doroŋʃi gi.
ヨーロッパの　料理を　食べる　好みある　か
　　　ヨーロッパの料理を食べることが好きですか．

398 bʉ dattaŋ yooropni hөөmөwө dʒittəmʉŋ.
私達　常に　ヨーロッパの　料理を　食べる
　　　私達はヨーロッパの料理をよく食べます．

399 yoodoŋ tannagaŋ dʉrʉŋ doroŋʃi yəm gə.
どうして　その　ように　好き　です　か
　　　どうしてそれ程好きですか

400 mʉni hөөmө bikki yooropni hөөmədʒi əmʉŋ antanʃi huŋ.
私達の　料理　は　ヨーロッパの　料理と　一　味ある　です
　　　私達の料理はヨーロッパの料理と味が一致する．

401 tannagaŋ ʃiŋdʒə.
そう　です
　　　そうですね．

402 ʉldʉ aaratʃ ʉhʉŋdʒi ooso yəəmə baraaŋ dʒittəŋ.
肉　チーズ　牛乳で　作った　ものを　多く　食べる
　　　肉やチーズや牛乳で作ったものをよく食べます．

エウェンキ語への招待

6. 見　　物

yəəməyə iʃirəŋ
　　物を　　　　見る

単語と語尾

səsəllig 公園	ətəggəŋ 熊	yakuut ヤクート(ヤクートエウェンキ)	baatur 英雄
ular 人々	sʉsʉggʉ 信仰		əddʉg 偉大
ʉrʉl 子供達	mʉʤe 博物館		naŋa ゆっくり
ʉt 息子	ayatte 昔	tʉŋgʉs ツングース(ツングースエウェンキ)	iʃi- 見る
saalbaŋ 白樺	samaŋ シャーマン		ʉgii- 遊ぶ
ʤadda 松	nanda 皮		nəəwʉʤi- 展示する
moo 木	tala 白樺の皮	iliggi 駅	
dale 海	ʃiraŋ 白樺の皮	tʉʉrəŋkə ボタン	ʤinʤi- 言う
əggəwʉŋ 動物	soloŋ ソロン(ソロンエウェンキ)		yʉʉgʉ- 出す, 上演する
ʤaaŋ 象		gəbbiʃi 有名な	
tasug 虎		ge 町	
	maŋʤu 満洲	kino 映画	
		bʉʤig 踊り	

-rəŋ/-roŋ 直説法現在・将来形三人称単数・複数語尾
-ʤirəŋ 直説法現在形三人称単数・複数語尾
-gəre 願望法単数一人称語尾
-həldʉne 願望法複数一人称語尾
-nə 動詞態形態執行相語尾

Ⅱ. 会 話 (6. 見物)

403 əri iniɡ ʃi ohoŋ oonde.
この　日　あなた　何　　する
　　　　　　今日あなたは何をしますか．

404 bi yəəməyə iʃim ᵾlime.
私　　物を　　見て　歩く
　　　　私は見物に行きます．

405 ilə yəəməyə iʃim nininde.
どこ　物を　　見に　　行く
　　　どこへ見物に行きますか．

406 bi səsəlliɡ yəəhedᵾ yəəməyə iʃim ninime.
私　　公園　　　などで　　物を　　見に　行く
　　　私は公園などに見物をしに行きます．

407 sᵾ adi bəy ninitʃtʃᵾŋ.
あなたたち　何　人　　行く
　　　あなたたちは何人で行きますか．

408 bi əmmətewi əmᵾŋdᵾ ninime.
私　　母と　　　一緒に　　行く
　　　私は母と一緒に行きます．

409 ohoŋdʒi ninitʃtʃᵾŋ.
　何で　　　行く
　　　何で行きますか．

410 bᵾ bikkiwi paasdʒi ninimᵾŋ.
私達　　は　　バスで　　行く
　　　わたしたちはバスで行きます．

411 əʃi bikki səsəlliɡdᵾ eʃesa.
今　　は　　　公園に　　着いた
　　　ただいま公園に着きました．

412 əri bikki səsəllig guŋtʃə iliggi gi.
　　これ　　は　　　公園　　　という　　駅　　か
　　　　　　　　ここは公園という駅ですか．

413 ədʉ əwər bəy biʃiŋ gi.
　　ここ　降りる　人　ある　か
　　　　　　ここで降りる人がありますか．

414 paasdihi əwər ular tʉʉrəŋkəwə tirihəldʉne.
　　　　バスから　降りる　人々　　ボタンを　　押してください
　　　　　　バスから降りる人々はボタンを押してください．

415 sʉ əmʉŋ əmʉŋdʑiwəl naŋa əwəhəldʉne.
　　あなた達　一　　　一で　　ゆっくり　降りてください
　　　　　　あなた達は順番にゆっくり降りてください．

416 əri bikkiwi mandi boŋgoŋ səsəllig hʉŋ.
　　これ　　は　　非常に　大きい　　公園　　です
　　　　　　これは非常に大きな公園です．

417 nandahaŋ igga baraaŋ biʃiŋ.
　　　美しい　　花　　多い　　ある
　　　　　　美しい花がたくさんありますね．

418 moo naaŋ baraaŋ biʃiŋ.
　　木　も　たくさん　ある
　　　　　　木もたくさんあります．

419 ərisəl ʃi ondi moo yəm.
　　これら　は　何　木　です
　　　　　　これらはどういう木ですか．

Ⅱ. 会 話 (6. 見物)

420 saalbaŋ moo ootʃtʃi dʒadda moo ooroŋ.
　　　白樺　　　木　　及び　　松　　　木　　なる
　　　白樺の木と松の木です．

421 səsəlligni doolo ʉgiir bog bayhal ʃiŋdʒə.
　　　公園の　　　なか　遊ぶ　処　　多い　　です
　　　公園のなかには遊び場が多いですね．

422 ʉrʉlsʉl səsəlligdʉ əmem ʉgiir mandi doroŋʃe.
　　　子供達　　　公園に　　来て　遊ぶ　　大　　　好き
　　　子供達は公園に来て遊ぶことが大好き．

423 səsəlligdʉ ʉrʉlsʉlni ʉgiir yəəmə biʃiŋ gi.
　　　公園に　　　子供達の　　遊ぶ　もの　　ある　か
　　　公園に子供達の遊ぶものがありますか．

424 səsəlligdʉ ʉrʉlsʉlni ʉgiir yəəmə baraaŋ biʃiŋ.
　　　公園で　　　子供たちの　遊ぶ　　もの　　沢山　　ある
　　　公園で子供達の遊ぶものが沢山あります．

425 əri ʃi səsəlligdihi yʉʉr ʉkkʉ gi.
　　　これ　は　　公園から　　出る　　口　　か
　　　これは公園からの出口ですか．

426 əʃi ilə yəəmə iʃinəm ninitte.
　　　今　どこ　物　　　見に　　　行く
　　　今度はどこへ見物に行きますか．

427 əggəwʉŋni səsəlligdʉ ninigəre.
　　　　動物　　　　　公園に　　　　　行く
　　　動物の公園へ行きましょう．

428 ilə biʃiŋ.
　　　どこ　ある
　　　　　　どこにありますか．

— 79 —

429 əri səsəlligni dʒəəŋgidədʉ biʃiŋ.
  この 公園の   左側に   ある
    この公園の左側にあります．

430 ənnəgəŋ dakke yəm gi.
  こんなに 近い です か
    そんなに近いですか．

431 əri ʃi mandi gəbbiʃi əggəwʉŋni səsəllig ʃiŋdʒə.
  これ は 非常に 名ある 動物   園 です
    これは非常に有名な動物園です．

432 mini əsə iʃir əggəwʉŋ bayhal biʃiŋ.
  私の ない みる 動物 沢山 ある
    私の見なかった動物が沢山います．

433 əri ʃi dʒaaŋ ʃiŋdʒə.
  これ は 象 です
    これは象です．

434 tari ʃi tasug ʃiŋdʒə.
  それ は 虎 です
    それは虎です．

435 daleni əggəwʉŋni bogdu ninigəre.
  海の 動物 処へ 行く
    水族館へ行きましょう．

436 ənnəgəŋ nandahaŋ oshoŋ bisə yəm gi.
  こんなに 美しい 魚 あった です か
    こんなに美しい魚があったんですか．

437 tannagaŋ boŋgoŋ oshoŋbo əsʉ iʃirə.
  そんなに 大きい 魚を ない 見る
    こんなに大きな魚を見たことはありません．

Ⅱ. 会 話 (6. 見物)

438 tara ʃi mʉni ədʉni miiŋ boŋgoŋ mʉdʒe ooroŋ.
   それ は 私達の こちら 最 大 博物館 なる
   　　　それは私達のこちらの最大の博物館となっています．

439 mʉdʒe doolo ohoŋ biʃiŋ.
   博物館 なか なに ある
   　　　博物館のなかになにがありますか．

440 əwəŋki bəyni ayatteni yəəmə yəəhe biʃiŋ.
   エウェンキ 人の 昔の もの など ある
   　　　エウェンキ人の昔のものなどがあります．

441 ɵntɵ naaŋ ohoŋ biʃiŋ.
   他に また 何 ある
   　　　他にまた何がありますか．

442 əwəŋki dʒʉʉ əwəŋki təti biʃiŋ.
   エウェンキ 家 エウェンキ 服 ある
   　　　エウェンキの家，エウェンキの服があります．

443 ʃiraŋ dʒʉʉ ootʃtʃi mooholiŋ dʒʉʉ sʉt
   白樺に皮 屋 及び 木 屋 皆
   nəəwʉdʒirəŋ.
   展示している
   　　　白樺の皮で作った家及び丸木で造った家などがみな展示されています．

444 əwəŋki samaŋni yəəmə baraaŋ biʃiŋ.
   エウェンキ シャマン もの 多い ある
   　　　エウェンキシャマンのものが沢山あります．

445 əwəŋki təggəəŋ əwəŋki dʒittəŋkə yəəhe naaŋ biʃiŋ.
　　エウェンキ　　車　　エウェンキ　　食べ物　　　　　など　　も　　ある

　　　　　　エウェンキの荷車，エウェンキの食物などもあります．

446 taladʒi ooso yəəmə nəəwʉdʒirəŋ.
　　白樺の皮で造った　もの　　展示している
　　　　　　白樺の皮で造ったものが展示されています．

447 nandadʒi oowuso nandahaŋ yəəmə nəəwʉdʒirəŋ.
　　皮で　　　作られた　　美しい　　もの　　展示されている
　　　　　　皮で作られた美しいものが展示されている．

448 tookkiwi əwəŋkini inig baldiggani yəəmə sʉt biʃiŋ gi.
　　そうならば　エウェンキの　日　　生みの　　もの　　皆　　ある　　か
　　　　　　それならばエウェンキ族の生活のものがみなありますか．

449 sʉt soloŋ əwəŋkini yəəmə yəm gi.
　　すべて　ソロン　エウェンキの　もの　です　か
　　　　　　すべてソロンエウェンキ族のものですか．

450 yakuut ootʃtʃi tuŋgus əwəŋkini yəəmə naaŋ biʃiŋ.
　　ヤクート　及び　ツングース　エウェンキ　もの　　も　　ある
　　　　　　ヤクート及びツングースエウェンキのものもあります．

Ⅱ. 会 話（6. 見物）

451 ətiggəŋ sɯsɯggɯni yəəmə biʃiŋ gi.
熊　　信仰の　　もの　ある　か
　　熊の信仰のものがありますか.

452 əri mɯdʒe ondi gəbbiʃi yəm.
この　博物館　何　名称ある　です
　　この博物館を何といいますか.

453 əwəŋki mɯdʒe gɯŋkəŋ dʒiŋdʒirəŋ.
エウェンキ　博物館　と　　いう
　　エウェンキ族博物館といいます.

454 kino iʃir bog ilə biʃiŋ.
映画　見る　処　どこ　ある
　　映画館はどこにありますか.

455 ondi kinowo yɯɯgɯdʒirəŋ.
どんな　映画を　上演している
　　どんな映画を上演していますか.

456 haylaŋtʃa gɯnər kinowo yɯɯgɯdʒirəŋ.
ハイランチャ　という　映画を　上演している
　　ハイランチャという映画を上演しています.

457 haylaŋtʃa ʃi awutare.
ハイランチャ　は　誰ですか
　　ハイランチャは誰ですか.

458 nugaŋ bikkiwi əwəŋki bəy ʃiŋdʒə.
かれ　は　エウェンキ　人　です
　　かれはエウェンキ人です.

459 haylaŋtʃa bikkiwi əwəŋkini aya ɯt huŋ.
ハイランチャ　は　エウェンキの　良い　息子　です
　　ハイランチャはエウェンキ族の立派な息子です.

460 haylaŋtʃa ʃi maŋdʒu əriŋni ədduɡ baatur bisə.
　　　ハイランチャ　は　満洲　時代の　偉大な　英雄　です
　　　　　　　　　　ハイランチャは満洲時代の偉大な英雄でした．

461 əri kinoni bogdu dattaŋ aya kino
　　　この　映画の　処に　常に　良い　映画
　　　yʉʉgʉrəŋ gi.
　　　　上演する　　　か
　　　　　　　　この映画館では常に良い映画を上演しますか．

462 dattaŋ aya kino yʉʉgʉrəŋ.
　　　常に　良い　映画　上演する
　　　　　　　常に良い映画を上演します．

463 əri ʃi ohoŋ oor dʒʉʉ yəm.
　　　これ　は　何　する　建物　です
　　　　　　　これは何をする建物ですか．

464 əri bikki bʉdʒig oor bog ʃiŋdʒə.
　　　ここ　は　踊り　する　処　です
　　　　　　　ここは劇場です．

465 ədʉ inig taŋiŋ bʉdʒig yʉʉgʉrʉŋ gi.
　　　ここ　日　常に　踊り　上演する　か
　　　　　　　ここで毎日劇を上演しますか．

466 əmʉŋ nadan inigduwi əmʉŋ əriŋ yʉʉgʉrʉŋ.
　　　一　　七　　日に　　一　　回　　上演する
　　　　　　　一週間一回上演する．

II. 会　話（6. 見物）

467 əwəŋki ularni təgədʒir ge niŋ mandi nandahaŋ.
エウェンキ　人人の　住む　町　は　非常に　綺麗

　　　エウェンキ人たちの住んでいる町は非常に綺麗ですね

468 əri ʃi ondi gəbbiʃi ge yəm.
これ　は　何　名称ある　町　です
　　　この町を何と言いますか．

469 nantuŋ gʉŋkəŋ gəbbiʃi ge ʃiŋdʒə.
ナントン　という　名称ある　町　です
　　　ナントンという名称をもっている町です．

トナカイの乳をしぼる

エウェンキ語への招待

7. 買　物

yəəməyə gadaŋ
　　ものを　　買う

語彙と語尾

hotʃtʃo デパート	ʤog 夏	piiʤʉ ビール	honnooriŋ 黒い
hantasuŋ 上着	timaaniŋtʃi 明後日	koora コーラ	ulariŋ 赤い
əkki ズボン	saratʃtʃi 傘	atʃtʃaŋ 泉水	giltariŋ 白い
unta 靴	mʉgʉŋ 銀	yaŋʤ かたち, ようす	ʉnətti 本当に
aawaŋ 帽子	altaŋ 金	satan 飴	gaʤonaraŋ 買いに行く（取りに行く）
bɵɵsɵ 布	ʤoʃenʤi カメラ	dəhi 四十	
ɵŋgɵ 色	biŋgaŋ お菓子	əmʉntal 個々に	nannaʃiraŋ 咬む
bəldiir 足	botoŋ ボトル	hɵhɵ 蘭	
unuhuttuŋ 指輪			
-solohoŋ 級形態の語尾			

470 ʃi　ilə　nininde.
　　あなた　何処　行く
　　　　あなたはどこへ行きますか.

471 yəəməyə　gaʤoname.
　　　ものを　　買いに行く
　　　　買い物に行きます.

472 iləhi　yəəməyə　gaʤonande.
　　何処から　ものを　　買いに行く
　　　　どこへ買い物に行きますか.

II. 会 話 (7. 買物)

473 hotʃtʃodihi yəəməyə gadʒoname.
  デパートへ　　　物を　　　買いに行く
      デパートへ買い物に行きます．

474 ohoŋ gadʒonande.
  何　　買いに行く
     何を買いに行きますか．

475 təggətʃtʃi yəəheyə gadʒoname.
  服　　　などを　　買いに行く
     服などを買いに行きます．

476 ondi təggətʃtʃiyə gadʒonande.
  どんな　　服を　　　買いに行く
     どんな服を買いに行きますか．

477 hantasuŋ ootʃtʃi əkkiyə gadʒoname.
  上着　　　及び　ズボンを　買いに行く
     上着やズボンを買いに行きます．

478 bi əri hantasuŋba gadame.
  私　この　上着を　　買う
     私はこの上着を買います．

479 ohi boŋgoŋbo gadande.
  どの　大きさを　　買う
     どのサイズを買いますか．

480 əmʉŋ asohoŋ boŋgoŋsolowoni gadame.
  一　　少し　　大きい少しいを　　買う
     少し大きいサイズの物を買います．

481 bөөsədʒi ooso əkki biʃiŋ gi.
  布で　造った　ズボン　ある　か
     布で造ったズボンがありますか．

482 ondi oŋgəʃiwənə gadam guŋdʒinde.
　　何　　　色を　　　　買い　　たい
　　　　　　どんな色のを買いたいですか．

483 həhə oŋgəʃi əkkiwə gadame.
　　蘭　　色　　ズボンを　　買う
　　　　　　ブルーのズボンを買います．

484 mini tətir untu biʃiŋ gi.
　　私の　穿く　靴　　ある　か
　　　　　　私の穿く靴がありますか．

485 ohi noomirʃi untuwu tətinde.
　　何　号ある　　靴を　　　穿く
　　　　　　あなたは何号の靴を穿きますか．

486 dəhi toŋ noomirʃi untuwu tətime.
　　四十　　五　号ある　　靴を　　　穿く
　　　　　　四十五号の靴を穿きます．

487 ʃini　bəldiirʃi tannagaŋ boŋoŋ gi.
　　あなたの　　足　　そんなに　　大きい　　か
　　　　　　あなたの足はそんなに大きいのですか．

488 tannagaŋ ʃiŋdʒə.
　　　そう　　　　です
　　　　　　そうです．

489 bi dʒogani aawaŋba gadame.
　　私　夏の　　帽子を　　買う
　　　　　　私は夏の帽子を買います．

490 adi gadande.
　　幾つ　　買う
　　　　　　幾つ買いますか．

Ⅱ．会 話（7．買物）

491 bi əmʉŋ saratʃtʃiwa gadam gʉŋdʒime.
   私　 一　　　傘を　　　　買い　　　たい
   　　　　　私は傘を一つ買いたい．

492 ulariŋ saratʃtʃiwa gadande gi.
   　赤い　　　　傘を　　　　　買う　　か
   　　　　　赤い傘を買いますか．

493 minidʉ honnoriŋboni bʉʉhə.
   　私に　　　　黒いを　　　　あげて下さい
   　　　　　私に黒い傘を下さい．

494 ʃi ɵntɵ naaŋ ohoŋ gadande.
   あなた　別　　も　　何　　　買う
   　　　　　あなたは他にも買うものがありますか．

495 bi mʉgʉŋ unuhuttuŋbu gadame.
   　私　　 銀　　　　指輪を　　　　　買う
   　　　　　私は銀で造った指輪を買います．

496 altaŋdʒi ooso unuhuttuŋ aya ɵntɵ gi.
   　金で　　造った　　　指輪　　　良い　　ない　　か
   　　　　　金で造った指輪が良いじゃないですか．

497 tara ʃi ʉnətti tannagaŋ ʃiŋdʒə.
   　それ　は　本当に　　そう　　　　です
   　　　　　それはほんとにそうですね．

498 toosohot dʒaariŋ bi mʉgʉŋ unuhuttuŋbu
   　それに　　　でも　　私　　　銀　　　　指輪を
   gadame.
   　買う
   　　　　　それでも私は銀で造った指輪を買います．

499 ədʉ dʒoʃeŋdʒi ʉniidʒirəŋ gi.
　　ここ　　カメラ　　　売っている　　か
　　　　　　　　ここでカメラを売っていますか．

500 dʒoʃeŋdʒiwo tadu ʉniidʒirəŋ.
　　カメラを　　あそこ　売っている
　　　　　　　カメラをあそこで売っています．

501 dʒoʃeŋbə taaŋtʃa yəəməwʉ ədʉ ʃikkim
　　写真を　　取った　　ものを　　ここ　洗う
ətərəŋ gi.
できる　か
　　　　　　　フイルムを現像することができますか．

502 ʃikkim ətərəŋ.
　　　洗う　　できる
　　　　　　　現像することができます．

503 bi ohidu ədʉ gadʒonam əməmə.
　私　何時　ここ　取るに　　来る
　　　　　　私はいつここに取りに来ますか．

504 timaaniŋtʃi inig doliŋdihi amaʃigi gam əməhə.
　明後日　　日　中から　　　以後　　取りに　来て
　　　　　　明後日の午後取りに来て下さい．

505 adi əriŋdʉ əməkkiwi aya yəm.
　　何　時に　　来たら　　いい　です
　　　　　　いつ来たらいいですか．

506 inig doliŋdihi amaʃigi adi sag dʒaariŋ oodoŋ.
　日　中から　　　以後　　何　時　でも　　　許可
　　　　　　午後いつでもいいです．

Ⅱ．会　話（7．買物）

507 əri hotʃtʃodu dʒittər yəəməwə ᵾniidʒirəŋ gi.
　　この　デパートで　食べ　物を　　売っている　　か
　　　　　　　このデパートで食べ物を売っていますか．

508 dʒittər yəəməwə əmᵾhe dakkordu ᵾniidʒirəŋ.
　　食べ　　物を　　一　　階に　　　売っている
　　　　　　　食べ物を一階で売っています．

509 ʃi　　ohoŋ gadam gᵾŋkəŋ dʒooŋdʒinde.
　　あなた　何　　買い　と　　　思っている
　　　　　　　あなたは何を買いたいと思っていますか．

510 bi akkiwa gadame.
　　私　酒を　　買う
　　　　　私は酒を買います．

511 pidʒᵾwᵾ gadande gi.
　　ビールを　　買う　か
　　　　　　ビールを買いますか．

512 pidʒᵾwᵾ əʃim gada.
　　ビールを　ない　買う
　　　　　　ビールは買いません．

513 giltariŋ akkiwa imom gᵾŋdʒinde gi.
　　白い　　　酒を　　飲み　たい　　　　か
　　　　　　焼酎を飲みたいですか．

514 bi giltariŋ akkiwa əʃim imora.
　　私　白い　　酒を　　ない　飲む
　　　　　　私は焼酎を飲まない．

515 tookkiwi ulariŋ akkiwa gadande gi.
　　そうなら　赤い　　酒を　　買う　　か
　　　　　　そうしたらワインを買いますか．

516 ooŋ, ulariŋ akki dʒuur botoŋ gadame.
    はい，　赤い　　酒　　二　　ボトル　　買う
    はい，ワインを二本買います．

517 dahi sataŋ, biŋgaŋ yəəhe gadame.
    また　　飴　　お菓子　　など　　買う
    また飴やお菓子などを買います．

518 ammaduwi nannaʃir sataŋ biʃiŋ gi.
    口に　　　咬む　　　飴　　ある　か
    キャラメルがありますか．

519 yaŋdʒi yaŋdʒini ammaduwi nannaʃir sataŋ biʃiŋ.
    さま　　ざまな　　口に　　　咬む　　　飴　　ある
    いろいろなキャラメルがあります．

520 bi yaŋdʒi yaŋdʒidihini əmuŋtəl gadame.
    私　さま　　ざまから　　一つずつ　　買う
    私はいろいろな味を持っているキャラメルから一つずつ買います．

521 dahi koora ootʃtʃi atʃtʃaŋni muuwu gadame.
    また　コーラ　及び　　天然　　水を　　買う
    またコーラやミネラル・ウォーターを買います．

522 əri inig bi mandi baraaŋ yəəmə gasu.
    この　日　私　非常に　多い　　もの　買った
    今日私は非常に多くのものを買いました．

8. 通　　信

dʒaʃihaŋ aldoor
　　手紙　　　音信

単語と語尾

nonom ʃirəttə 長距離電話 naallani ʃirəttə 携帯電話 naallani kompiyoot ノートパソコン dʒaʃihaŋni təkkʉ 封筒 dʒaʃihaŋni saasuŋ 便箋 dʒaʃihaŋni piyo 切手 pəytəŋdʒi ʉlihənər piyo 航空便 təggəəŋdʒi ʉlihənər piyo 普通便 dʒaʃihaŋ ʉlihənər bog 郵便局	tʉlʉgʉ gʉrʉŋ 外国 dʒaʃihaŋ 手紙 aldoor 音韻, メール beega 月 ʃirittə 電話 gʉrʉŋ 国 saagida 向こう側 dʒele 心, 考え piyo 切手 əggidədʉ 下	ʉgidədʉ 上 udaaŋ 長時間 kompiyoot コンピューター ittʉwʉl どんなに adirahat 何回も ʉlihə- 送る, 発信する nəttərə- 通じる dʒogo- 苦しむ, 悩む ʃirme- 努力する 頑張る ooyi ooyi もしもし
-hə 態形態の使動態の語尾 -nəm 目的副動詞語尾 -gare 願望法単数一人称語尾	-saʃe/-tʃəʃe 直説法過去形単数二人称語尾 -sʉ/-tʃʉ 直説法過去形単数一人称語尾 -so 直説法過去形単数・複数一人称語尾	

523 dʒuudihiʃi aldoor biʃiŋ gi.
　　　家から　　　音信　　ある　か
　　　　　　　　家からたよりがありますか．

524 mini dʒuudihiwi ohoŋkot aaʃiŋ.
　　 私の　　家族から　　　何も　　　ない
　　　　　　　　私の家族から何もない．

525 ittuwul ooso ʃiŋdʒə.
　　　どう　　した　　です
　　　　　　　どうしたのですか．

526 bi naaŋ ayadʒi əʃim saara.
　　　私　も　　良く　ない　分かる
　　　　　　私もよく分かりません．

527 ohi udaaŋ aldoor aaʃiŋ yəm.
　　 どの　長い　　音信　　ない　　です
　　　　　　どれくらい長い間たよりがないですか．

528 əmuŋ beega uluhu ooso.
　　 一　　　月　　以上　なった
　　　　　　一ヶ月以上になりました．

529 ʃi dʒuuduwi dʒaʃihaŋ dʒorisaʃi gi.
　　 あなた　家に　　　　手紙　　　書いた　　か
　　　　　　あなたは家族に手紙を書きましたか．

530 bi adirahat dʒaʃihaŋ dʒorisu.
　　 私　　何回も　　　手紙　　　書いた
　　　　　　私は何回も手紙を書きました．

531 əri dakki dʒaʃihaŋ ulihəntʃəʃi gi.
　　 この　近い日　　手紙　　　　出した　　か
　　　　　　最近手紙を出しましたか．

II. 会　話（8. 通信）

532 noogu nadan honoor ɯlihəŋtʃɯ bisɯ.
前　　七　　日　　出した　　ある
先週出したことがあります．

533 tookkiwi ohoŋ baytaʃi ooso magad aaʃiŋ.
そうなら　　何　ことある　なった　かも　　ない
そうならば，何かことがあったかも知れない．

534 ʃi　　ʃirittə ɯlihəŋtʃəʃi gi.
あなた　電話　　掛けた　　　か
あなたは電話を掛けましたか．

535 ʃirittə naaŋ əʃiŋ nəttərərə.
電話　　も　　ない　通じる
電話も通じない．

536 ʃirittə ɯlihəŋtʃi naaŋ əsə nəttərərə.
電話　　掛けた　　も　　ない　通じた
電話を掛けたがまた通じなかった．

537 əʃi əmɯŋ ʃirittə ɯlihənəm iʃihə.
今　一　　電話　　掛けて　　見て
今もう一度電話を掛けて見て．

538 ooŋ,　 tookte.
はい　そうしましょう
はい，そうしましょう．

539 tookkiwi ʃirittə ɯlihənər bogdu ninigəre.
そうしたら　電話　　掛ける　　処へ　行きましょう
そうしたら電話局へ行きましょう．

540 ədɯ nonom ʃirittə ɯlihənəm ətərəŋ gi.
ここ　長い　　電話　　掛ける　　できる　か
ここで長距離電話を掛けることができますか．

エウェンキ語への招待

541 gʉrʉŋ dooloni ʃirittə gi.
　　国　　内の　　電話　か
　　　　国内の電話ですか．

542 ənto, tʉlʉgʉ gʉrʉŋni ʃirittəwə gadame.
　　違う　外　　国の　　電話を　　掛ける
　　　　違います，私は国際電話を掛けます．

543 tʉlʉgʉ gʉrʉŋni ʃirittəwə naaŋ ʉlihənəm
　　外　　国の　　電話を　　も　　掛ける
ətərəŋ.
できる
　　　　国際電話をも掛けることができます．

544 tookkiwi bi əmʉŋ ʃirittə gakte.
　　そうしたら　私　一　　電話　必要する
　　　　そうしたら，私は電話を一つお願いします．

545 əri saasuŋdu gəbbi ootʃtʃi ʃirittəni
　　この　　紙に　　名前　と　　電話
noomirwi dʒoriha.
　番号を　書いて下さい
　　　　この紙にお名前と電話番号を書いて下さい．

546 awuni gəbbiwəni dʒorime.
　　誰の　　名前を　　書くか
　　　　誰のお名前を書きますか．

547 saagidani bəyni gəbbiwəni dʒoriha.
　　向うの　　人の　　名前を　　書く
　　　　向こう側の人の名前を書いて下さい．

II. 会　話（8. 通信）

548 awuni ʃirittəni noomiro dʒorime.
<small>誰の　　電話　　番号を　　　書く</small>
誰の電話番号を書きますか．

549 saagidani bəyni ʃirittəni noomirwo dʒoriha.
<small>向うの　　　人の　　電話　　　番号　　書く</small>
向こう側の人の電話番号を書いて下さい．

550 ʃi　dʒaaŋ digiŋʃi noomir ʃirittəwə baytalaha.
<small>あなた　十　　四ある　　番号　　電話を　　使って下さい</small>
あなたは十四番の電話を使って下さい．

551 ooyi ooyi, bi bidʑime.
<small>もし　もし　私　　です</small>
もしもし　私です．

552 sɯ　　　hokko aya bidʒitʃtʃɯŋ gi.
<small>あなたたち　皆　　元気　　いる　　　か</small>
あなたたちは皆元気ですか．

553 bɯ hokko aya biʃimɯŋ.
<small>私達　皆　　元気　　いる</small>
私達は皆元気です．

554 dʒɯɯdɯwi ədʑi dʒele dʒogoro.
<small>家族に　　　ない　心　　苦しむ</small>
家族に対して心配しないで下さい．

555 nandahaŋdʑi ʃirmem bitigwi　tatiha.
<small>よく　　　　努力して　本を　　勉強して下さい</small>
一生懸命に努力して勉強して下さい．

556 ooŋ, bi　saasu.
<small>はい　私　分かりました</small>
はい，私は分かりました．

557 ədʉ dʒaʃihaŋni piyo ʉnidʒirəŋ gi.
　　ここ　　　手紙の　　　切手　　売っている　　か
　　　　　　　　ここで切手を売っていますか．

558 təggəəŋdʒi ʉlihənər piyowo gadande gi.
　　車で　　　　送る　　　切手を　　　買う　　　か
　　　　　　　普通便で送る切手を買いますか．

559 pəytəŋdʒi ʉlihənər piyowo gadame.
　　飛行機で　　送る　　　切手を　　　買う
　　　　　　　航空便で送る切手を買います．

560 əmʉŋ niŋ niŋʉŋ daayeŋ dəhi mʉgʉŋ.
　　一　　は　　六　　　　円　　四十　　　銭
　　　　　　　　一枚は6.40円です．

561 bi əmʉŋ gadakte.
　　私　一　　買う
　　　　　　私は一枚買います．

562 dʒaʃihaŋni saasuŋ biʃiŋ gi.
　　　手紙の　　　　紙　　　ある　　か
　　　　　　　　便箋がありますか．

563 dʒaʃihaŋni təkkʉ naaŋ gadame.
　　　手紙の　　　　封筒　　も　　　買う
　　　　　　　私は封筒も買います．

564 ʃi　　məəni gəbbi ootʃtʃi bogwi əggidədʉni
　　あなた　自分の　名前　　と　　宛名を　　　下に
　　dʒoriha.
　　書いて下さい
　　　　　　　あなたは自分の名前と宛名を下に書いて
　　　　　　　下さい．

Ⅱ. 会　話（8. 通信）

565 dʒaʃihaŋ alaaʃim gadar bəyni gəbbi ootʃtʃi
　　　手紙　　　受け　取る　　人の　　名前　　と
bogwoni ᵾgidədᵾni dʒoriha.
宛名を　　上に　　書いて下さい
　　　　　手紙を受け取る人のお名前と宛名を上に
　　　　　書いて下さい．

566 əri dʒaʃihaŋ adi inigduwi eʃeraŋ.
　　　この　手紙　　何　　日　　着く
　　　　　この手紙は何日間で着きますか．

567 ilaŋ inigduwi eʃeraŋ.
　　　三　　日　　着く
　　　　　三日間で着きます．

568 ʃinidᵾ naallani ʃirittə biʃiŋ gi.
　　　あなた　手の　　電話　　ある　か
　　　　　あなたは携帯電話を持っていますか．

569 naallani ʃirittəʃi aldoor ᵾlihənəm ətəraŋ gi.
　　　手の　　電話　　メール　発信する　できる　か
　　　　　あなたの携帯電話はメールを発信するこ
　　　　　とができますか．

570 aldoor ᵾlihənəm ətərəŋ.
　　　メール　発信する　できる
　　　　　メールを発信することができます．

571 ʃinidᵾ kompiyoot biʃiŋ gi.
　　　あなた　コンピューター　ある　か
　　　　　あなたはコンピューターを持っていますか．

572 minidɯ dʒuur kompiyoot biʃiŋ.
　　私　　 二　　コンピューター　ある
　　　　　　私はコンピューターを二つ持っている．

573 əmɯŋ niŋ boŋgoŋ, əmɯŋ niŋ nisuhuŋ.
　　一つ　は　　大きい　　一つ　は　　小さい
　　　　　　大きなものと小さなもの一つずつあります．

574 nisuhuŋ niŋ naallani kompiyoot gi.
　　小さい　　は　　手の　　コンピューター　か
　　　　　　小さなのはノートパソコンですか．

575 ʃini　　kompiyootʃi sɯt aldoor ɯlihənəm
　　あなたの　コンピューター　皆　メール　発信する
　　ətərəŋ gi.
　　できる　か
　　　　　　あなたのコンピューターはどれもみなメ
　　　　　　ールを発信することができますか．

576 sɯt ətərəŋ.
　　みな　できる
　　　　　　みなできます．

II. 会　話（9. 医療）

9. 医　療

ənuhu dasabuŋ
　　病気　　　治療

単語と語尾

ənuhu 病気	meegaŋ 心臓	alaaʃi- 待つ
dela 頭	dasabuŋ 治療	ənu- 痛む
ogono 腋	əəŋ 薬	əhuddilə- 風邪を
amma 口	ənuhu iʃir bog	引く,熱が出る
iɲi 舌	病院	nəə- 置く,放す
ʃeen 耳	giltariŋ ʤuu	aŋge- 開ける
iisal 目	白い建物	amra- 休む
bəldiir 足	əhuddiwu iʃir	ətəhərə- 年を取る
səətʃtʃi 血, 血圧	yəmə 体温計	ʃiiŋki- 咳をする
aahiŋ 肝臓	goddo 高い	nənu- 帰る
өөtө 肺	əru 悪い	
	iʃi- 診断する	
	iʃiwuhə-	
	診断される	
-soʃi 直説法過去形 単数に人称語尾		

577　ənuhuwu　iʃir　bog　ilə　biʃiŋ.
　　　　病気を　　　診断する　処　どこに　ある
　　　　　　病院はどこですか．

578　tari iʃiwuʤir giltariŋ ʤuu ʃiɲʤə.
　　　あそこ　見られる　　　白い　　建物　　です
　　　　　　あそこに見えている白い建物です．

579 əduhi ənuhuwi iʃiwuhənər noomirwo gadaŋ.
　　ここから　病気を　　診断させる　　番号を　　取る
　　　　　　　ここから病気を診断してもらう番号を取ります．

580 tootʃtʃi　tadu　təgətəŋ alaaʃiha.
　　そして　あそこに　座って　待って下さい
　　　　　　　そしてあそこに座って待って下さい．

581 əri inig ənuhuwu　iʃir　bogdu bəy
　　この　日　病気を　　診断する　処　　人
　　tannagaŋ baraaŋ ɵntɵ.
　　そんなに　　多く　　ない
　　　　　　　今日病院では人がそんなに多くない．

582 ʃini　ohoŋ ʃi ənunəŋ.
　　あなたの　何　が　痛い
　　　　　　あなたは何が痛いのですか．

583 mini delawi ənunəŋ.
　　私の　頭が　　痛い
　　　　私は頭痛です．

584 əhuddilədʒinde gi.
　　熱がある　　　　か
　　　　熱がありますか．

585 əhuddiwi tannagaŋ duruŋ goddo ɵntɵ.
　　熱が　　　その　　　ように　高く　　ない
　　　　熱はそれ程高くはない．

586 əri əhuhuwu iʃir yəəməwə nəəm iʃigəre.
　　この　　熱を　　見る　ものを　使って　見ましょう
　　　　　　この体温計を使って見ましょう．

II. 会 話 (9. 医療)

587 əyyəwə　ittʉ　baytalame.
　　　これを　どんなに　　使う
　　　　　　この（体温計）をどのように使うんですか．

588 ogononiwi　əggidədʉni　nəəhə.
　　　腋の　　　　下に　　　入れて下さい
　　　　　　腋の下に入れて下さい．

589 ʃi　ammawi　aŋgetʃtʃi　iŋiwi　ʉʉgʉhə.
　　あなた　口を　　開けて　　舌を　出して下さい
　　　　　あなたは口を開けて舌を出して下さい．

590 ʃeenbaʃi　iʃigəre.
　　　　耳を　　見ましょう
　　　　　　あなたの耳を見ましょう．

591 ʃi　əmʉŋ　asohoŋ　əhʉddilədʒinde.
　　あなた　一　　少し　　風邪を引いている
　　　　　あなたは少々風邪を引いています．

592 əəŋ　imotʃtʃi　nandahaŋ　amrakkiwi　aya　ooroŋ.
　　薬　飲んで　　ゆっくり　　休んだら　　元気　なる
　　　　薬を飲んでゆっくり休んだら元気になります．

593 ʃi　ittosoʃe.
　　あなた　どうしたの
　　　　　あなたはどこが不自由ですか．

594 bi　ətəhərətʃtʃi　iisalwi　ərʉ　ooso.
　　私　年寄りですから　　目　悪く　なった
　　　　私は年を取って目が悪くなった．

595 dahi　naaŋ　bəldiir　naallawi　sʉt　ərʉ　ooso.
　　また　　も　　足　　　手　　すべて　悪く　なった
　　　　また足や手もすべて悪くなった．

596 ʃini　　səətʃtʃiʃi goddo gi.
　　あなたの　　血圧　　　高い　か
　　　　　　あなたの血圧は高いですか．

597 goddo ɵntɵ.
　　高く　ない
　　　　　　高くはない．

598 iʃ　　aahiŋ ɵɵtɵ meegaŋ yəəheni ənʉhʉʃi gi.
　　あなた　肝　肺　　心臓　　などの　　病気ある　か
　　　　　　あなたは肝臓や肺や心臓などの病気がありますか．

599 minidʉ tannagaŋ ənʉhʉ sʉt aaʃiŋ, bi əmʉŋ
　　私に　　そんな　　病気　皆　ない　私　一
　　asohoŋ ʃiiŋkidʒime.
　　少し　　咳をしている
　　　　　　私はそういう病気が皆ない，少々咳をしている．

600 ʃini　　bəy ʃi mandi abagar bidʒirəŋ.
　　あなたの　体　は　非常に　元気　　ですね．
　　baytaya　　aaʃiŋ.
　　問題　　ありません
　　　　　　あなたの体は非常に元気ですね．問題はありません．

601 dʒʉʉdʉwi nənʉtʃtʃi ʃiiŋkini əəŋ əmʉŋ asohoŋ
　　家へ　　帰って　　咳の　　薬　一　　少し
　　imoha.
　　飲んで下さい
　　　　　　家へ帰って咳の薬を少し飲んで下さい．

III. エウェンキ語概説

1. エウェンキ語の音韻

1.1.0 母　音

1.1.1 母音音素

① /a/[a], 張唇奥舌広母音. エウェンキ語の/a/は, 日本語（東京語）の wao「輪を」の [a] と大体似ている. 例えば,

amihaŋ「伯父」, iŋatta「毛」, ada「姉」.

長母音/aa/[aː] の調音点と調音方法は, 短母音/a/と同様である. 例えば, aaʃiŋ「ない」, naalla「手」, talaa「あそこ」.

② /ə/[ə], 張唇中舌半狭あるいは半広母音. 例えば,

əʃi「今」, ətəhəŋ「年寄り」, ələ「ここ」.

長母音/əə/[əː] の調音点と調音方法は, 短母音/ə/と同じである. 例えば, əəkkərəŋ「始まる」, nəəhi「川岸」, əə「欠点」などである.

③ /e/[e], 張唇前舌半狭母音. 例えば,

ege「くどくどしい」, teweraŋ「拾う」, əʃe「女の」.

長母音/ee/[eː] の調音点と調音方法は, 短母音/e/と同様である. 例えば, eelar「嫌いだ」, heen「家畜の冬用の飼料の草」, sowee「妊娠しない家畜」.

④ /i/[i], 非円唇前舌狭母音. エウェンキ語の短母音

素/i/は，日本語（東京語）の［ii］「良い」と大体似ている．例えば，

iggi「しっぽ」，tatiraŋ「学ぶ」，əri「これ」．

長母音/ii/[i:]の調音点と調音方法は，短母音/i/と同じである．例えば，iihə「鍋」，miiri「肩」，nii「誰」．

⑤ /o/[o]，円唇奥舌半狭母音．エウェンキ語の短母音/o/は，日本語（東京語）のtoo「十」の母音音素［o:］と大体似ている．例えば，

goggotto「ひげ」，oshoŋ「魚」，motʃtʃehu「歪み」．

長母音/oo/[o:]の調音点と調音方法は，短母音音素/o/と同じである．例えば，ooroŋ「する」，dooldiroŋ「においをかぐ」，moo「木」．

⑥ /u/[u]，円唇奥舌狭母音．エウェンキ語の短母音/u/は，日本語（東京語）の［uma］「馬」と似ている．例えば，

unahaŋ「スプーン」，anuhu「鍵」，uduru「唇」．

長母音/uu/[u:]の調音点と調音方法は，短母音音素/u/と同様である．例えば，uugga「初乳」，baamuuddi「寂しい」，naŋuu「細かい毛」．

⑦ /ө/[ө]，円唇中舌半狭母音．エウェンキ語の短母音音素/ө/は，モンゴル語のөd「羽」の/ө/及びnөhөr「友達」の/ө/と基本的に一致する．例えば，

өggө「遊牧包」，bөggө「太い」，өntө「他の」．

長母音/өө/[ө:]の調音点と調音方法は，短母音/ө/と同じである．例えば，өөgөlөrөŋ「喘ぐ」，hөөmө「ご飯」，өө「テクニック」，өŋgөөr「ヨーグルト」

⑧ /ʉ/[ʉ]，円唇中舌狭母音．エウェンキ語の短母音/ʉ/は，モンゴル語のʉs「髪」やnʉd「目」の［ʉ］と基本的に一致する．例えば，

III. エウェンキ語概説

ʉʃi「縄」, ʉnʉgʉŋ「乳牛」, ərʉ「悪い」.

また,長母音/ʉʉ/[ʉ:]の調音点と調音方法は,短母音/ʉ/と同様である.例えば,ʉʉttʉ「虱の卵」, tʉʉggʉ「狼」, ʉŋʉʉltrʉŋ「蛆が湧く」, mʉʉ「水」.

母音音素の体系					
	前舌	中舌		奥舌	
	非円唇	非円唇	円唇	非円唇	円唇
高	i		ʉ		u
中	e	ə	ɵ		o
低				a	

1.1.2 短母音と長母音の区別

エウェンキ語において,短母音と長母音の間の区別はきわめてはっきりしている.もし短母音と長母音を混同すれば,意味の面でも混同を起す恐れがある.

① /a/と/aa/の区別

ahiŋ「兄」/aahiŋ「肝」, ʃiwar「泥」/ʃiwaar「楔」

② /ə/と/əə/の区別

əhiŋ「姉」/əəhiŋ「肺」, ələrəŋ「腹が一杯になる」/ələərəŋ「煮る」/əələrəŋ「無理にする」

③ /i/と/ii/の区別

ʃikkaŋ「無精だ」/ʃiikkaŋ「鳥」, niŋirəŋ「飲み込む」/niŋiirəŋ「罵しる」

④ /e/と/ee/の区別

pelaraŋ「溢れる」/peelaraŋ「べらべらと捲くし立てる」,

eda「何故」/eeda「ええと」
　⑤　/o/と/oo/の区別
　totʃtʃi「ボタン」/tootʃtʃi「だから」, oroŋ「地位」/ooroŋ「やる」/orooŋ「鹿」
　⑥　/u/と/uu/の区別
　ugga「小罠」/uugga「初乳」, sugga「春の初めの草」/suugga「吹雪」
　⑦　/ɵ/と/ɵɵ/の区別
　hɵggɵ「陥井」/hɵɵggɵ「橋」, ɵgɵlɵrɵŋ「ケチをする」/ɵɵgɵlɵrɵŋ「喘ぐ」
　⑧　/ʉ/と/ʉʉ/の区別
　ʉge「貧しい」/ʉʉge「巣」, sʉŋkʉ「釜口」/sʉʉŋkʉ「梳き櫛」

1.1.3 まちがいやすい母音の区別

　エウェンキ語においては，調音点及び調音方法の面で類似する母音，すなわち (1)/i/, /ii/と/e/, /ee/, (2)/e/, /ee/と/ə/, /əə/, (3)/o/, /oo/と/ɵ/, /ɵɵ/, (4)/u/, /uu/と/ʉ/, /ʉʉ/, (5)/ə/, /əə/と/ɵ/, /ɵɵ/, (6)/o/, /oo/と/u/, /uu/, (7)/ʉ/, /ʉʉ/と/ɵ/, /ɵɵ/, (8)/a/, /i/, /e/, /ə/, /o/, /u/, /ɵ/, /ʉ/及び/aa/, /ii/, /ee/, /əə/, /oo/, /uu/, /ɵɵ/, /ʉʉ/の間には明確な区別がある．以下にこれら母音の対立の間にある意味上の区別を示す．
　①　/i/, /ii/と/e/, /ee/の区別
　ʃi「あなた」/ʃe「お茶」,
　ani「誰」/ane「年」,
　aʃi「利益」/aʃe「奥様」
　diis「底」/dees「皿」,

III. エウェンキ語概説

ʃiirsə［アンペラ］/ʃeersə［ウールの虫］
② /e/, /ee/ と /ə/, /əə/ の区別
əle「興奮し易い」/ələ「ここで」,
pel「ぺちゃんこ」/pəl「力」
pee「ちえ」/pəə「男の生殖器」,
dʒee「隙間」/dʒəə「あら」
③ /o/, /oo/ と /ɵ/, /ɵɵ/ の区別
homo「馬糞」/hɵmɵ「周縁」,
sol「名誉」/sɵl「暇」,
hokko「全部」/hɵkkɵ「太い縄」
too「数字」/tɵɵ「尺」,
boos「肉まんじゅう」/bɵɵs「布」,
boon「雹」/bɵɵn「固まり」
④ /u/, /uu/ と /ʉ/, /ʉʉ/ の区別
bul「轅」/bʉl「もう少し」,
suŋku「雑草の一種」/sʉŋkʉ「財布」,
hu「ボート」/hʉ「利己」
huugi-「木の皮をはぐ」/hʉʉgi-「強い風が吹く」,
suutʃtʃi「勢い」/sʉʉtʃtʃi「汁」
⑤ /ə/, /əə/ と /ɵ/, /ɵɵ/ の区別
əŋgə「ヨーグルト」/ɵŋgɵ「彩り」,
əb「ちょうどよい」/ɵb「財産」,
səl「鉄」/sɵl「暇」
bəən「チョウザメ」/bɵɵn「固まり」,
həəggə「上付き」/hɵɵggɵ「橋」
⑥ /o/, /oo/ と /u/, /uu/ の区別
sol「名誉」/sul「緩い」,
ole「競争心」/ule「ガラス」,

− 109 −

homo「馬糞」/humu「窪地」
oor「水蒸気」/uur「乳鉢」,
ootʃtʃi「と、や」/uutʃtʃi「羊や牛の全体肉」
⑦ /ʉ/, /ʉʉ/と/ɵ/, /ɵɵ/の区別
bʉl「姉妹の子」/bɵl「もう少し」,
hʉkkʉ-「炒める」/hɵkkɵ-「馬などを長い縄で繋げる」
tʉʉggʉ「狼」/tɵɵggɵ「指咫で長さを計る方」,
sʉʉŋ「長綿服」/sɵɵŋ「喉のかれ」
⑧ 短母音/a/, /i/, /e/, /ə/, /o/, /u/, /ɵ/, /ʉ/及び長母音/aa/, /ii/, /ee/, /əə/, /oo/, /uu/, /ɵɵ/, /ʉʉ/の間にもすべて意味の区別がある．次の表で実例を挙げて示す．

短母音と長母音	実例	意味	実例	意味	実例	意味
a と aa	ha	前肢	bal	蜂蜜	taar	従父兄弟
i と ii	hi	空気	bil	腹	tiir	奪う
e と ee	he	おい	bel	ぺしゃんこ	teer	恐ろしい
ə と əə	hə	限り	bəl	目出度	təər	防げ
o と oo	ho	すべて	bol	秋	toor	それで
u と uu	hu	ボート	bul	轅	tuur	小さな鳥
ɵ と ɵɵ	hɵ	鍋墨	bɵl	姉妹の子	tɵɵr	謎
ʉ と ʉʉ	hʉ	利子	bʉl	もう少し	tʉʉr	糸口

　エウェンキの単音節語，あるいは，語頭音節や語の第二音節における母音間に現れた意味の区別は充分明確であるが，語の第三音節以下の各音節では，母音の意味の区別の面での役割は，次第に曖昧になって行く傾向がある．

Ⅲ．エウェンキ語概説

1.2.0 子音

1.2.1 子音音素

① /p/[pʻ]，両唇無声有気破裂音．例えば，

pəə「男子の生殖器」，paŋtʃiraŋ「怒る」，ʉpʉldirʉŋ「騒ぐ」，sappa「箸」．

エウェンキ語では，摩擦音/f/[f] がないので，外来語の子音/f/を大略みな/p/と発音する．例えば，pudʒisaŋ「富士山」．

② /b/[p]，両唇無気無声破裂音．例えば，

bog「地」，aba「父」，tatibuŋ「習慣」，dolob「夜」．

子音/b/は，語のいずれにも現れるが，語頭や語中に現れるのが多い．

③ /m/[m]，両唇有声鼻音．例えば，

moo「木」，əmərəŋ「来る」，samaaŋ「シャーマン」，niham「首」．

子音/m/は語頭，語中に現れることが多い．

④ /w/[w]，両唇有声接近音．例えば，

waaraŋ「殺す」，owoloroŋ「積み上がる」，həw「型」．

子音/w/は語のいずれにも現れるが，語中に現れるのが一番多い．

⑤ /s/[s]，歯茎無声摩擦音．例えば，

saŋaŋ「煙」，bosotto「腎臓」，əshəŋ「叔父」，hos「林」．

子音/s/は語頭，語中に現れるのが一番多いが，語尾に使うのは少ししかない．

⑥ /t/[tʻ]，歯茎無声有気破裂音．例えば，

tatiraŋ「勉強する」，gətərəŋ「酔いをさます」，sʉt「みな」．

― 111 ―

子音/t/は語頭と語中によく使われ，語尾に現れるのは少ない．

⑦ /d/[t]，歯茎無声無気破裂音．例えば，

dadda「揺り籠」，doosoŋ「塩」，ədiŋ「風」，pad「最も」．

子音/d/は語のいずれにも用いられる．

⑧ /n/[n]，歯茎有声鼻音．例えば，

naalla「手」，ninihiŋ「犬」，nənʉrəŋ「帰る」，nadan「七」．

子音/n/は語のいずれにも使われる．

⑨ /r/[r]，歯茎有声ふるえ音．例えば，

əri「これ」，əmʉrəttə「一緒に」，ʉr「山」，dʒʉʉr「二つ」．

子音/r/は語中に一番多く現れ，語尾に現れるのが少ない．語頭には現れない．

⑩ /l/[l]，歯茎有声側面音．例えば，

lata「低い」，daliraŋ「隠す」，ʉrʉl「子ども」．

子音/l/は，語中に使われた例が語頭や語尾に使われものより多い．

⑪ /tʃ/[tʃ‘]，硬口蓋歯茎無声有気破擦音．例えば，

tʃoŋtʃiraŋ「走る」，atʃa「荷物」，boltʃitta「脹ら脛」，aaratʃ「チーズ」．

子音/tʃ/は，主に語中に使われ，語頭や語尾に使用されるのが割合少ない．

⑫ /dʒ/[tʃ]，硬口蓋歯茎無声無気破擦音．例えば，

dʒoonoŋ「思い出す」，dʒawaraŋ「摑む」，ʃidʒiŋ「糸」，amadʒi「湖」，sədʒ「疑い」，unaadʒ「娘」．

子音/dʒ/は語頭に一番多く使い，語末に一番少なく使われ，

III. エウェンキ語概説

語中に使うのも少なくない．

⑬ /ʃ/[ʃ]，硬口蓋歯茎無声摩擦音．例えば，
ʃogol「愚か」，ʃeen「耳」，timaaʃiŋ「明日」，haʃ「倉庫」．

子音/ʃ/は語のいずれにも現れるが，語頭や語中に現れる時に母音/i/, /ii/, /e/, /ee/の前に使われる例が割合多い．

⑭ /y/[j]，硬口蓋有声接近音．例えば，
yəgiŋ「九」，yooholoroŋ「歩く」，aya「良い」，hʉyʉhəŋ「小鳥」，bəy「人」，dəy「柔らかい」．

⑮ /k/[k']，軟口蓋無声有気破裂音．例えば，
nowalakana「四歳の雄鹿」，pөkөti「白黒毛色の雄鹿」，akoŋ「白樺の皮で作った夏の帽子」，dʒottok［凹の］．

子音/k/は基本的に語中や語尾に使われるが，語尾に使われるのが非常に少ない．

⑯ /g/[k]，軟口蓋無声無気破裂音．例えば，
gʉʉŋ「ガラス」，goro「遠い」，ʃigʉŋ「太陽」，bog「地」．

子音/g/は語のいずれにも現れるが，語頭や語中に使うのが多い．

⑰ /ŋ/[ŋ]，軟口蓋有声鼻音．例えば，
tiŋaŋ「昨年」，soŋoroŋ「泣く」，taŋiiraŋ「数える」，motoŋ「六歳の鹿」．

子音/ŋ/は語中や語尾によく使われるが，語尾に使うのが一番多い．

⑱ /h/[χ]，軟口蓋垂無声摩擦音．例えば，
həŋgər「胸」，hahara「鶏」，nəhʉŋ「弟」，lah「オンドル」．

子音/h/も語のいずれにも現れるが，語頭と語中に使うのが多い．

エウェンキ語における子音の中で，使用率が一番高いのは/b/, /m/, /d/, /t/, /n/, /l/, /r/, /s/, /g/, /h/などである．そして，エウェンキ語の子音はすべて語中によく用いられるが，語頭に一番多く使われているのは/h/, /t/, /s/, /d/, /b/, /m/, /n/, /ʤ/, /g/などである．また，語尾によく使われる子音は/ŋ/, /n/及び/l/, /r/となる．なお，子音/k/, /r/は外来語の語頭にだけ使用される．

子音音素の体系

			両唇音	歯音	硬口蓋歯茎音	硬口蓋音	軟口蓋音
無声音	無気	破裂音	b	d			g
	有気		p	t			k
	無気	破擦音			ʤ		
	有気				tʃ		
	無気	摩擦音		s	ʃ		h
有声音		鼻音	m	n			ŋ
		接近音	w			y	
		側面音		l			
		ふるえ音		r			

III. エウェンキ語概説

1.2.2 複合子音

エウェンキ語には前に述べた十八の子音の他に/nt/, /nd/, /rt/, /rd/, /lt/, /ld/, /ŋtʃ/, /ŋdʒ/, /ŋg/, /ŋk/, /yk/, /yg/など十二の複合子音がある．複合子音は語中と語尾に現れ，語頭に使われないので，使用頻度もそれ程高くはない．例えば，

(1) /nt/　dʒuntrəŋ「馬鹿になる」, sant「袖のボタン」．
(2) /nd/　gəndrəŋ「騙される」, hand「麦の皮」．
(3) /rt/　hiirt「瞬間」, sərt「賢い」．
(4) /rd/　dʒird「びっくり」, burddu「山の坂」
(5) /lt/　eelt「炭」/dʒult「年とった鹿」．
(6) /ld/　əldrəŋ「いじめる」, ild「田虫」．
(7) /ŋtʃ/　ʃeŋtʃtʃi「中味」, maŋtʃ「氷を砕く道具」．
(8) /ŋdʒ/　yaŋdʒlaraŋ「飾る」, maŋdʒ「満洲」．
(9) /ŋg/　haŋggar「広い」, duŋgrəŋ「頑張る」．
(10) /ŋk/　baaŋk「鉄桶」, səŋk「凸凹地面」．
(11) /yk/　puyk「草で作った呼子」, boykkoŋ「ホッケー」．
(12) /yg/　həyggə「錐」, boyg「鈍い」などである．

以上の例を挙げて説明しことから分かるように，エウェンキ語の複合子音を形成した子音の間には組合せの結合システムがある．例えば，

① 複合子音/ŋk/, /ŋg/は軟口蓋音で形成されている．
② 複合子音/ŋdʒ/, /ŋtʃ/の/ŋ/及び/dʒ/, /tʃ/は相互に影響され，子音/ŋ/が舌面鼻音[ɲ]になり，子音/dʒ/, /tʃ/も同化して舌面破擦音[dʑ], [tɕ]になることがある．従って，複合子音/ŋdʒ/と/ŋtʃ/は，実際の発音では[ɲdʑ]と[ɲtɕ]のように発音される．
③ 複合子音/nt/, /nd/, /lt/, /ld/, /rt/, /rd/はみな歯茎子

音で形成されていることになる．それら複合子音はすべてかなり高い使用頻度を持っている．
④ 複合子音/yk/, /yg/の子音/y/と/k/, /g/が相互に影響した結果，子音の/k/と/g/は [c] と [ɟ] とで発音され，複合子音/yk/, /yg/は [yc], [yɟ] とで発音される．

1.2.3 子音の畳音現象

子音音素の畳音現象というのは，一つの子音が重なって発音されることを指す．すなわち，二重子音のことを表す．この畳音現象を「長子音」ということもある．エウェンキ語における子音はすべて畳音現象をもち豊富であるといえる．例えば，

① /b/ dəbbə「枕」, dabberaŋ「口を歪める」．
② /p/ sappa「箸」, happis「えな」．
③ /m/ amma「口」, immə「針」．
④ /d/ əddə「朝」, addaraŋ「楽しむ」．
⑤ /t/ iittə「歯」, boltʃitta「脚」．
⑥ /n/ nannaʃiraŋ「嚙む」, nonno「呪文」．
⑦ /l/ naalla「手」, tøllə「外」．
⑧ /r/ mʉhərraŋ「屁をする」, nərraŋ「酒を造る」．
⑨ /s/ deessal「たくさんの皿」, əssəl「これら」．
⑩ /g/ əggigʉ「下」, oggiraŋ「振り返る」．
⑪ /k/ dakke「近い」, mokkiraŋ「絞る」．
⑫ /ŋ/ səŋŋə「涼しい」, təəŋŋələrəŋ「呼ぶ」．
⑬ /h/ ʃihhəg「細い糸」, əhhəg「か弱い」．
⑭ /dʒ/ dədʒdʒə「敷き布団」, borodʒdʒiŋ「質素」．
⑮ /tʃ/ ʃitʃtʃiraŋ「塞ぐ」, ilatʃtʃi「鼻汁」．
⑯ /ʃ/ əʃʃi「柄がある」．
⑰ /y/ tayya「それ」, əyyə「これ」．

Ⅲ．エウェンキ語概説

⑱ /w/　sədəwwʉ「テーマを」などである．

子音の中で/p/, /t/, /k/, /tʃ/の畳音現象が最も多い．次に多いのは子音/b/, /d/, /g/, /dʒ/である．/m/, /n/, /l/の畳音現象は割合少ない．四番目には，/r/, /s/, /ʃ/, /w/である．出現率で最も少ないのは/h/, /ŋ/, /y/である．

さらに，エウェンキ語において，一つの語の中に畳音現象が二つまたは三つも出現する例もある．例えば，

dəggəəggə「並べ方」, ikkiggi「革新」, atʃtʃagga「貸借」, səttəggə「敷物」, bottaddi「冷たい」, attaddigga「太陽黒点」, təggətʃtʃilətʃtʃi「着物を着て」.

しかし，三つ以上の畳音現象が語の中に現れる例は割合に少ない．

エウェンキ語における子音の畳音現象がますます多くなっているが，これら畳音現象は殆どすべて子音の逆行同化により出現したものである．例えば，

/bb/∠/rb/　dəbbə∠dərbə「枕」
/pp/∠/rp/　sappa∠sarpa「箸」
/dd/∠/rd/　əddə∠ərdə「朝」．
/tt/∠/rt/　səttə∠sərtə「利口」
/gg/∠/rg/　əggigʉ∠ərgigʉ「下」
/kk/∠/rk/　lakkiraŋ∠larkiraŋ「投げる」
/hh/∠/rh/　ʃihhəg∠ʃirhəg「細い糸」
/dʒdʒ/∠/rdʒ/　dədʒdʒə∠dərdʒə「敷き布団」
/tʃtʃ/∠/rtʃ/　sʉtʃtʃi∠sʉrtʃi「厳しい」
/dd/∠/gd/　addaraŋ∠agdaraŋ「楽しむ」
/tt/∠/gt/　ayitte∠ayigte「古い」
/nn/∠/gn/　dʒannaraŋ∠dʒagnaraŋ「怒る」
/ll/∠/gl/　naalla∠naagla「手」

/dʒdʒ/∠/gdʒ/　dədʒdʒiŋ∠dəgdʒiŋ「上っ調子」
/tʃtʃ/∠/gtʃ/　atʃtʃathi∠agtʃathi「逆に」
/mm/∠/gm/　amma∠agma「口」
/tt/∠/bt/　hattagga∠habtarga「キセル」
/kk/∠/bk/　əkkərəŋ∠əbkərəŋ「包む」
/tʃtʃ/∠/btʃ/　latʃtʃi∠labtʃi「葉」

上述の例に反して，子音/ŋ/の畳音現象は順行同化により構成される．例えば，

　/ŋŋ/∠/ŋg/　səŋgə∠səŋŋə「すがすがしい」．

つまり，子音/b/, /p/, /d/, /t/, /g/, /k/, /dʒ/, /tʃ/, /h/の前に位置する/r/音は，畳音現象を起すことが非常に多い．次に多いのは，子音/d/, /t/, /dʒ/, /tʃ/, /n/, /l/, /m/の前に現れた/g/音で，畳音現象を発生させた実例は上記の通りである．同時に，子音/t/, /k/, /tʃ/の前に使われた/b/音は，畳音現象を起すことも一定数存在する．

但し，音節の区分線は必ず畳音現象を持つ二つの子音の真中から切られ，その二つの子音音素がそれぞれの音節に属する．例えば，attaddi「暗い」の音節を分ければat-tad-diのように畳音現象を持つ子音/tt/と/dd/はt-t及びd-dと分けられる．

ほかに，エウェンキ語の畳音現象を持つ子音の/bb/, /pp/, /mm/, /dd/, /tt/, /nn/, /rr/, /ss/, /gg/, /kk/, /ŋŋ/, /hh/, /dʒdʒ/, /tʃtʃ/, /ʃʃ/, /yy/, /ww/などがあって，もしもこれらを，/b/, /p/, /m/, /d/, /t/, /n/, /r/, /s/, /g/, /k/, /ŋ/, /h/, /dʒ/, /tʃ/, /ʃ/, /y/, /w/と発音すれば意味が変わるおそれがある．例えば，

　/bb/ ⇔ /b/　dəbbə「枕」⇔ dəbə「岡」
　/mm/ ⇔ /m/　ammanaŋ「嚙む」⇔ amanaŋ「大便を

する」
/nn/ ⇔ /n/　nonno「呪文」⇔ nono「兄様」
/dd/ ⇔ /d/　addaraŋ「楽しむ」⇔ adaraŋ「引っ掛けてやぶる」
/rr/ ⇔ /r/　mʉherrəŋ「屁をひる」⇔ mʉherəŋ「死亡する」
/ss/ ⇔ /s/　əssəl「これら」⇔ əsəl「危うく」
/hh/ ⇔ /h/　əhhəg「か弱い」⇔ əhəg「とても」
/tʃtʃ/ ⇔ /tʃ/　daatʃtʃi「受けもつ」⇔ daatʃi「大昔」
/ʃʃ/ ⇔ /ʃ/　əʃʃi「柄がある」⇔ əʃi「今，現在」
/gg/ ⇔ /g/　gagga「腕輪」⇔ gaga「兄様」

但し，語中に現れた子音/l/は，同時に単一子音の/l/及び畳音現象の/ll/と両方に発音されても，語の意味がまったく変わらないこともある．例えば，「何時」という意味を表す場合にaalla という同時に，または aala ともいうのである．しかし，このような実例は非常に少ない．

1.3.0 母音調和

エウェンキ語には非常に厳しい母音調和のシステムがあり，大変重要な働きをしている．これはエウェンキ語の音韻体系の一つの大きな特徴である．例えば，
① imitʃtʃi「油」
② ʉnʉgʉŋsʉl「乳牛（複数）」
③ gəbbələhəŋnəŋ「働かせる」
④ hoŋgororoŋ「聾になる」
⑤ naalladahanaŋ「掴まらせる」

その内，例①は母音/i/で，例②は母音/ʉ/で，例③は母音

/ə/で，例④は母音/o/で，例⑤は母音/a/, /aa/で，などの母音調和をもつ実例である．

エウェンキ語で母音が調和する時，調音器官の緊張の程度により，母音を男性母音，女性母音，中性母音と三つのグループに分類できる．

① 男性母音のグループには/a/, /aa/, /oo/, /u/, /uu/が含まれる．
② 女性母音のグループには/ə/, /əə/, /ɵ/, /ɵɵ/, /ʉ/, /ʉʉ/が入る．
③ 中性母音のグループに属するのは/i/, /ii/, /e/, /ee/である．

1.3.1 男性母音による母音調和

エウェンキ語では，男性母音/a/, /aa/, /oo/, /u/, /uu/が女性母音と調和することなく，主として男性母音の間で調和する．例えば，

amaggu「後」, ʤahoŋ「八」, sahular「ジフテリヤ」, goggottolawuraŋ「髭が掴まえられる」, usunaŋ「疲れる」oogoŋdowuroŋ「鋸で引かれる」, saaguraŋ「見つかる」．

また，男性母音/a/, /aa/, /o/, /oo/, /u/, /uu/は中性母音の/i/, /ii/, /e/, /ee/と調和できる．例えば，

ahiŋ「兄」, meegaŋʃi「肝っ玉が大きい」, algiwuŋ「息が詰まりそうだ」, orihiŋ「胃袋」, iisaldawuraŋ「見られる」, tewewuha(ŋ)naŋ「拾わせる」

などである．

1.3.2 女性母音による母音調和

エウェンキ語の女性母音の/ə/, /əə/, /ɵ/, /ɵɵ/, /ʉ/, /ʉʉ/は

Ⅲ. エウェンキ語概説

男性母音と調和することなく，主として女性母音の間で調和する．例えば，

suʉŋkʉdəggə「梳き櫛を使う方法」，ʉkkəhəŋ「男の子」，ətəwʉrəŋ「負ける」，hөөrөwʉrəŋ「興奮する」，sugʉrləhəŋkə(ŋ)nəŋ「尖らせる」．

また，女性母音は中性母音の/i/, /ii/, /e/, /ee/と調和できる．例えば，

ʃilʉsʉŋdərəŋ「つばを吐く」，həwʃeldiwʉrəŋ「意見が交換される」，iiwʉhəŋkənəŋ「入らせる」，əhiŋ「姉」．

1.3.3 中性母音による母音調和

エウェンキ語において，中性母音音素/i/, /ii/, /e/, /ee/の間にも調和現象が存在する．例えば，

dʒeleʃi「鋭い」，neeŋtʃi「鼻」，iildihe「太った」，digihe「四番目」，tewerni「拾うこと」．そして，男性母音と女性母音の母音調和を記述する時に述べた通り，中性母音は男性母音にも女性母音にもすべて調和できる．

1.3.4 同じ母音による母音調和

エウェンキ語では，男性母音や女性母音及び中性母音などが，同一性質を持つ音素間の調和を厳守するのみならず，また，一つひとつの母音間，すなわち短母音と長母音の間での調和現象もある．

①　短母音/a/と長母音/aa/の調和現象
saahaŋkanaŋ「知らせる」，lattagaŋka「ゴムのり」，nandahaŋkaŋsala「少し美しい」

②　短母音/ə/と長母音/əə/の調和現象
ələəhə(ŋ)nəŋ「煮させる」，əəkkərəŋ「始まる」，

əddəsələhəŋkəŋ「ちょっと早く」.

③ 短母音/i/と長母音/ii/の調和現象

iigitti「蜂」, iŋiiʃi「話がうまい」, hirimki「睫毛」, ninihiŋ「犬」

④ 短母音/o/と長母音/oo/の調和現象

oroottosol「草（複数）」, dooso(ŋ)loho(ŋ)noŋ「塩で漬けさせる」, gooŋgoloroŋ「飾る」.

⑤ 短母音/u/と長母音/uu/の調和現象

ukkumul「炒めた」, suuruldu「川の魚」, unuhuŋ「指」, luhuwuruŋ「脱げる」.

⑥ 短母音/ɵ/と長母音/ɵɵ/の調和現象

hɵɵsələrəŋ「泡が立つ」, ələɵhədərəŋ「騙す」, əmətʃtʃə「氷」, gəsələrəŋ「子供を誘拐する」.

⑦ 短母音/ʉ/と長母音/ʉʉ/の調和現象

tʉgʉnʉrʉŋ「衣服に糊をつける」, ʉʉttʉsʉl「虱の卵（複数）」, hʉkkʉwʉrʉŋ「炒められる」.

⑧ 短母音/e/と長母音/ee/の調和現象

tewehe「拾うのが好きだ」, peleegeŋ「でしゃばる」, ʃewe「弟子」, dʒele「考え方」.

エウェンキ語に現れたこれら①から⑧までの母音調和のなかで，使用頻度が最も高いのは①と②である．次に③，④，⑥，⑦である．使用頻度の面で一番低いのは⑤と⑧である．

1.4 音節構造

エウェンキ語の音節は母音を中心につくられ，一つの語の内に母音の数と同じ数だけ音節がある．そして，大部分の語は二音節以上の音節で構成された多音節語に属する．また，多音節

III. エウェンキ語概説

語の内に二音節語，三音節語，四音節語，五音節語，六音節語，七音節語，八音節語，九音節語，十音節語まで分類できる．例えば，

① 単一音節の語　oo「白粉」, moo「木」, ʉr「山」, hiirt「瞬間」, tog「火」, bəy「人」.

② 二音節の語　ahiŋ(a-hiŋ)「兄」,
adde(ad-de)「祖母」,
naalla(naal-la)「手」,
bʉdəŋ(bʉ-dəŋ)「死ぬ」.

③ 三音節の語　amihaŋ(a-mi-haŋ)「おじさん」,
boŋgoŋhoŋ(boŋ-goŋ-hoŋ)「ちょっと大きい」,
abgarlaŋ(ab-gar-laŋ)「安全」,
mʉdʉri(mʉ-dʉ-ri)「竜」.

④ 四音節の語　tatigabuŋ(ta-ti-ga-buŋ)「習慣」,
əhiləggə(ə-hi-ləg-gə)「踏み方」,
ʉnʉgʉŋsʉl(ʉ-nʉ-gʉŋ-sʉl)「たくさんの乳牛」.

⑤ 五音節の語　boŋgoŋsolohoŋ(boŋ-goŋ-so-lo-hoŋ)「ちょっと大きい」,
həŋgəgdəhənəŋ(həŋ-gəg-də-hə-nəŋ)「太鼓をたたかせる」,
ʉnʉgʉŋsʉlwʉ(ʉ-nʉ-gʉŋ-sʉl-wʉ)「多い乳牛を」.

⑥ 六音節語　asaldiwuhanaŋ(a-sal-di-wu-ha-naŋ)「互いに追わせる」,
təhərihəŋkənəŋ(tə-hə-ri-həŋ-kə-nəŋ)「旅行させる」,

ʉnʉgʉŋsʉldʒini(ʉ-nʉ-gʉŋ-sʉl-dʒi-ni)「彼の多い乳牛で」.
⑦ 七音節語 gʉdʒəmʉddihəŋsələ(gʉ-dʒə-mʉd-di-həŋ-sə-lə)「少し可愛い」, uduruldihaŋkanaŋ(u-du-rul-di-haŋ-ka-naŋ)「突き合わせる」, əmʉrəttələhənəŋ(ə-mʉ-rət-tə-lə-hə-nəŋ)「合併する」.
⑧ 八音節語 amiʃihilahaŋkanaŋ(a-mi-ʃi-hi-la-haŋ-ka-naŋ)「延長する」, nisʉhʉŋdəwʉhəŋkənəŋ(ni-sʉ-hʉŋ-də-wʉ-həŋ-kə-nəŋ)「縮小させる」.
⑨ 九音節語 əmʉrəttələwʉhəŋkənəŋ(ə-mʉ-rət-tə-lə-wʉ-həŋ-kə-nəŋ)「合併させる」, gʉdʒəmʉddihəŋsələwʉwə(gʉ-dʒə-mʉd-di-həŋ-sə-lə-wʉ-wə)「ちょっと可愛いものを」.
⑩ 十音節語 amiʃihilawuhaŋtʃamune(a-mi-ʃi-hi-la-wu-haŋ-tʃa-mu-ne)「われわれは延長させられた」, nisʉhʉŋdəwʉhəŋkəŋtʃəsʉne(ni-sʉ-hʉŋ-də-wʉ-həŋ-kəŋ-tʃə-sʉ-ne)「あなたたちは縮小させられた」.

エウェンキ語の単一音節から十音節まで構成された語には，単一音節，二音節，三音節の語の使用頻度は圧倒的にたかい．次に四音節の語も一定程度に存在する．しかし，五音節語及びこれ以上の多音節の語は，ほとんどすべて基本語彙の語幹の後にいろいろな語尾を付加した派生語となるか，あるいは合成語

Ⅲ．エウェンキ語概説

に属するものである．

　以上の①～⑩までの例を挙げて具体的に分析した単語の構成からエウェンキ語の音節は次の六種類の音韻構造形式を持つことが分かる（**V** は母音を表して，**C** は子音を表す）．

① **V**　oo「白粉」，ə‑hiŋ（əhiŋ）「姉」．
② **VC**　ʉr「山」，əəŋ「薬」，ʉk‑kəhəŋ（ʉkkəhəŋ）「男の子」．
③ **VCC**　ald「尋ねる」，ənd‑rəŋ（əndrəŋ）「罠にかかる」．
④ **CV**　ʤʉʉ「部屋」，ha‑ha‑ra（hahara）「鶏」，də‑gə‑bʉŋ（dəgəbʉŋ）「おおしお」．
⑤ **CVC**　bəy「人」，taŋ‑gur‑sul（taŋgursul）「多い椀」．
⑥ **CVCC**　hiirt「瞬間」，ʤʉnt‑rʉŋ（ʤʉntrʉŋ）「馬鹿になる」

などである．そして，エウェンキ語の中で一番多く使われるのは例①，②，④，⑤の音節形式であり，例③と⑥の音節形式を持つ実例の使用率はかなり低い．

　上述のことから，エウェンキ語に現れた音節の分類特徴を次の四点にまとめることができる．

① もし，語が **VCV**，**VCVC**，**VCVCC** のように母音で始まる音韻構造となるならば，第一音節の区分線が語頭に位置する母音の後に引かれる．例えば，a‑da（ada）「姉」，ə‑diŋ（ədiŋ）「風」，ʉ‑nʉnt（ʉnʉnt）「毒草」．
② もし，語が **CVCVCVCV** の音韻構造で構成されれば，音節の区分線はすべて母音の後から引かれる．例えば，ha‑ha‑ra‑wa‑ni（haharawani）「彼の鶏」，ta‑ti‑ga‑wu‑raŋ（tatigawuraŋ）「教育される」．そして，語尾の子音が最終音節に属する．

③ もし，語が **VCVCCVCCV**，**CVCCVCCVCCVC** の音韻構造となれば，音節の区分線はすべて重なって出現した子音(**CC**)の真ん中から引かれる．例えば，dɯt-tɯl-ditʃ-tʃi(dɯttɯlditʃtʃi)「殴り合った後」，at-tad-di(attaddi)「暗い」，boŋ-goŋ-hoŋ-so-lo(boŋgoŋhoŋsolo)「ちょっと大きい」．

④ もし，語が **VCCCV**，**CVCCCVC** の音韻構造で構成されれば，音節の区分線は必ず連続形で現れた三つの子音(**CCC**)の第二番目における子音の後から引かれ(**CC-C**)，区分線の前に位置する二つの子音は前置する音節に属し，区分線の後に位置する一つの子音は後置する音節に入る．例えば，hiirt-til(hiirttil)「瞬間に」，dʒɯnt-rəŋ(dʒɯntrəŋ)「馬鹿になる」．

1.5 アクセント

エウェンキ語のアクセントは一般に語の第二音節にあるので，語の第二音節の母音は殆どすべて第一音節と第三音節以後の音節における母音より強く発音され，はっきりと聞こえる．例えば，

  ami'ŋ「お父さん」，ɯnɯ'gɯŋ「乳牛」，pəsə'glərəŋ「蹴る」，ələə'rəŋ「煮る」，təggə'tʃtʃisəl「多い服」，dʒirii'l-dʒirəŋ「魚が浮かび上がる」，oroo'ttoloroŋ「草が生える」(符号「'」はアクセントを示す)

などである．

しかし，第二音節以外の音節に長母音で出現する場合，語のアクセントは長母音の方に移ることがある．例えば，

  saa'dʒirəŋ「知っている」，suldʒigee'n「歪んだ角の牛」，

dagalaaˈn「付近」, hʉgdʒihəəˈnəŋ「発展させる」
などである．
　さらに，語の第一音節と第二音節にすべて長母音がある際に，アクセントは必ず第二音節の長母音に置かれる．例えば，
　baamuuˈddi「両側だ」, uutaaˈhaŋka(ŋ)naŋ「緊張させる」
などである．
　エウェンキ語において，アクセントを持つ第二音節以降の諸音節の発音は次第に弱くなって行く．同時に，第一音節における母音も第二音節の母音より弱く発音される．そして，エウェンキ語のアクセントは，基本的に語の意味を区別する機能や役割が備わらないことである．

2．エウェンキ語の文法

　エウェンキ語の単語は名詞や動詞，代名詞，形容詞，数詞，副詞，後置詞，助詞，連詞，語気詞，感嘆詞，擬声擬態詞などに分けられる．

　エウェンキ語はすぐれて膠着性が強い言語であって，派生語を作ったり，屈折による語形変化をもたらす多くの接辞をもっている．名詞や代名詞には数，格，従属による形態変化がある．名詞には単数と複数との区別がある（2.1 複数をあらわす形式）．そのなかで，複数要素の /-t/ はウラル・アルタイ諸語の共通性を示唆する点でとりわけ興味深い．エウェンキ語では，氏族呼称の語幹の後ろに，この /-t/ を付加して，urt「ウリ氏族の人々」samagirt「サマギル氏族の人々」のように使われる．2.1 に挙げた niŋigt「真っ黒な野生果物」の他にも，hosigt（hosig 星），hiŋagt（hiŋag 毛），hiigt（hiig 歯）など多くの単語に /-t/ が現れるのである．

　名詞の格の数が多いこと（2.2 名詞の格をあらわす形式）はエウェンキ語の特徴である．

　属格語尾は /-ni/ である．これが名詞や代名詞に接合されることにより，所有者と事物の関係をあらわす．エウェンキ語には所属・再帰人称形式がある（2.4）．

　形容詞が比較変化（2.5）をするのはエウェンキ語の特徴であり，原級・比較級・最上級があり，それぞれに比較語尾をもっている．

　述部の中心となるのは動詞である．「法」（2.8，2.9，2.10，2.11）としては直説法・願望法・命令法・仮定法がある．動詞の「態」（2.6）としては主動態・被動態・使動態・互動態・共

III. エウェンキ語概説

動態があり,「相」(2.7) としては完成相・進行相・未進行相・執行相・存続相・多回相・一回相・反復相・固定相・中断相・願望相・未完成相がある．その他に，副動詞・形動詞・助動詞がある．エウェンキ語では，動詞の語幹部が固定されて，活用語尾は法の時制と人称に従って選ばれて，それぞれの語形をとる．動詞の否定形 (2.14) は，動詞が肯定と否定をあらわす助動詞として機能している．肯定と否定とでは助動詞の位置が異なる．

エウェンキ語の文の類型は SOV の型に属する．

文は主として主語や述語，目的語，補語，限定語，状況語などから構成される．その内，主語と述語は文の主要な成分である．主語は文の前に，述語は文の後に位置している．主語と述語は文の主要な成分であるけれども，文によつては主語が省略されることもあるが，述語はどんな文の中でも省略することはできない．目的語や補語，限定語，状況語は主語や述語を修飾したり，あるいは結合する役割を果たしている．目的語はふつう述語の前に，限定語は主に修飾される名詞の前に，補語は動詞の前にそれぞれ置いて使用される．また，エウェンキ語の文の中には，挿入語と独立語など二つあるいは三つ以上の文で構成する複文を見ることもある．このようなエウェンキ語の複文は主に並列複文と主従複文の二つの種類に分けられる．

2.1 複数をあらわす形式

項目	略　　語	活用語尾
1	SV$_{6A}$L	/sal/, /səl/, /sol/, /sɵl/, /sul/, /sʉl/
2	NV$_5$L	/nal/, /nəl/, /nol/, /nɵl/, /nel/
3	CEN	/ʃeŋ/
4	C$_{4C}$	/t/, /r/, /s/, /l/

　日本語で「～たち」「～ら」に相当する複数をあらわす形式である．

　項目の1，2，3，4については，形式の上から4つの範疇に分けられることをあらわしている．略語の，例えば，

$$SV_{6A}L$$

は，S（音節初頭子音）V（母音）6（6つの形式）A（短母音）L（音節末子音）を示している．

　項目の1は，日常語でもっとも広範囲に用いられている形式である．例えば，
　　adasal（姉たち）　həhəsəl（猫たち）　moosol（木々）
　　hɵɵggəsɵl（橋々）　unuhusul（指々）　ʉldʉsʉl（肉々）
　項目の2は，親族に用いられる形式である．例えば，
　　adanal（姉たち）　ənihə(ŋ)nəl（おばさんたち）
　　hudugunol（親戚の伯母さんたち）　tʉgʉ(ŋ)nɵl（祖先たち）　ami(ŋ)nel（父たち）
　項目の3は，人名や地名，氏族や親族の呼称，職務や職業に関係する複数概念をあらわす形式である．例えば，
　　ʃiŋaʃeŋ（シガたち，人名）　imiŋʃeŋ（イミン地区，地名）　gatʃadaʃeŋ（村長たち）　tʃugaʃeŋ（軍人たち）

III. エウェンキ語概説

　項目の4は，エウェンキ語の複数をあらわす形式のうち，最も古い形態を残していると考えられる形式で，日常語のなかに頻繁にあらわれる．例えば，

　　niŋigt（真っ黒な野生果物）
　　　形が小さく，群れをなすものをあらわす /t/
　　ninihi(ŋ)r（犬たち）　動物呼称の語幹末にあらわれる /r/
　　ʉr(ŋ)s（山々）　　　　自然物の複数概念をあらわす /s/
　　ninihi(ŋ)l（悪い犬たち）
　　　マイナス評価（不満，冷淡，軽蔑）をあらわす/l/

　複数は上述の名詞や代名詞のほかにも，形容詞や数詞でも語尾を付されてあらわされる．例えば，

　　honnoriŋ（黒い）→ honnoriŋsol（黒いものたち）
　　antanʃi（甘い）→ antanʃisal（甘いものたち）
　　nadan（七）→ nadansal（七(人)たち）
　　namaadʒ（百）→ namaadʒsal（百たち）

2.2 名詞の格をあらわす形式

項目	格形態	略 語	活用語尾の形式
1	主　　格	ゼロ形式	なし
2	属　　格	NI	ni
3	定 対 格	$C_{2C}V_{6A}$	ba, bə, bo, bɵ, bu, bʉ ~ wa, wə, wo, wɵ, wu, wʉ
4	非定対格	$C_{2G}V_{6A}$	a, ə, o, ɵ, u, ʉ ~ ya, yə, yo, yɵ, yu, yʉ
5	与　　格	DV_{2B}	du, dʉ
6	定 処 格	(1) LV_{4A}	la, lə, lo, lɵ
		(2) $DV_{4A}LV_{4A}$	dala, dələ, dolo, dɵlɵ
7	非定処格	(1) LI	li
		(2) $DV_{2B}LI$	duli, dʉli
8	奪　　格	DIHI	dihi
9	造　　格	JI	ʤi
10	共 同 格	TE	te
11	方 面 格	GIIJI	giiʤi
12	方 向 格	$THV_{4A}HI$	thahi, thəhi, thohi, thɵhi
13	比 較 格	THI	thi
14	限 定 格	$C_{2A}V_{4A}N$	haŋ, həŋ, hoŋ, hɵŋ ~ kaŋ, kəŋ, koŋ, kɵŋ
15	有　　格	CI	ʃi
16	所 有 格	TEEN	teen

III. エウェンキ語概説

上の格の諸形式は，日本語に置き換えれば，〜は，〜が（主格），〜の（属格），〜を（定対格），〜（何）とかを（非定対格），〜に（与格），〜に，〜で（定処格），〜（何処）かに，〜（何処）かで（非定処格），〜から，〜より（奪格），〜で（造格），〜と（共同格），〜から（方面格），〜へ（方向格），〜より（比較格），〜だけが，〜だけの（限定格），〜がある，〜を有する（有格），ともに，すべて（所有格）にそれぞれ相当する．

bi　　　　əri　inig　suytaŋduwi　ninime
私は（主格）　今　日　　学校へ　　　行く

tarini　　　nəhʉŋ　bikkiwi　aya　bəy
彼の（属格）　弟　　　は　　　よい　人　（だ）

bi　moriŋbo　　　　　ugusu
私は　馬を（定対格→に）　乗った

tariwa　aba　moriŋba　　　　uguhoŋtʃo
彼を　　父が　馬を（定対格→に）乗らせた

tari　goddo　ʉrdʉ　orooŋo　　　　　　iggiʤirəŋ
その　高い　　山に　鹿か何かを（非定対格）飼育してる

aba　moriŋdu　mʉʉwʉ　imohaŋtʃa
父は　馬に（与格）　水を　　　飲ませた

birani　əglə　　　　ʤʉʉr　ətirgəŋ　biʃiŋ
川の　　岸に（定処格）二匹　　熊が　　いる

エウェンキ語への招待

nugaŋdolo　　　　　　nadan　boŋgoŋ　ninihiŋ
彼（の部屋）に（定処格）　七匹の　大きな　犬が
biʃiŋ
ある（→いる）

toshaŋbi　ʉhʉrsʉlli　　　　gələm　iʃihə
小牛を　　牛群のところで（非定処格）　探して　見てください

ʉrdʉli　　　　　hosduli　　　　dʒaloŋ　bəy
山の方に（非定処格）　森の方に（非定処格）　一杯の　人
ooso
になった

dʒaaŋdihi　　nadanba　gakkiwi　ilaŋ　dotaraŋ
十から（奪格）　七を　　減ると　　三　残せる

bi　　əridʒi　　honiŋni　horigaŋ　dʒawame
私は　これで（造格）　羊の　　囲いを　　作る

amiŋ　əniŋte　　　əmʉndʉ　amigu　ʉrirəŋdu
父　　母と（共同格）　一緒に　北の　　村へ
ninirəŋ
　行く

gorogiidʒi　　sisə　mʉni　ʉrirəŋthəhi　əmədʒrəŋ
遠くから（方面格）車が　私たちの　　村へ　　　来ている

tʉʉggʉsʉl　tarithahi　　　ərithəhi　　　　susasa
狼たちは　　あっちへ（方向格）　こっちへ（方向格）　逃げた

Ⅲ. エウェンキ語概説

ahiŋ əhiŋthi nadan baatʃtʃi əddʉg ʃiŋdʒ
兄は   姉より（比較格） 七   歳   大きい です

tarini   ahiŋkaŋ   moriŋbo   ugum   ətərəŋ
彼の   兄だけが（限定格） 馬を（→に） 乗   れる

yəgiŋʃi   ʉrʉl   dʒaaŋʃi   ʉrʉlthi   nisʉhʉŋ
九ある(有格→歳) 子供 十ある(有格→歳) 子供より 小さい
gʉnəŋ
（と）いう

ʉhʉr soŋgin giltariŋ   nogoteen   dʒitʃtʃə
牛は ネギ   白   菜共に（所有格） 食べた

2.3 一般人称形式

	一人称		二人称		三人称	
	単数	複数	単数	複数	単数	複数
独立形	bi	bʉ （排除） miti （包括）	一般称 ʃi	sʉ sʉ-səl	近称 ərə əyə əyyə	talar tayya-sal tatʃtʃil tatʃtʃil-sal
従属形	mi(n)-	mʉ(n)-	尊称 sʉ		遠称 tara taya tayya nugaŋ	

　日本語では bi（わたし），mi(n)i（わたしの），bʉ（〔相手を含まない〕わたしたち）miti（〔相手を含んだ〕わたした

ち），ʃi（あなた），sʉ（あなたさま），ərə（かれ，かの女）に相当する．

　近称，遠称というのは，相手が話し手の傍らにいるのか，それとも話し手から離れているのかによる区別である．エウェンキ語では，自分の目の前にいる第三者を発話者は ərə（かれ）といい，自分より少し離れたところにいる第三者を tara という．この基本形から子音交替をさせ，異形態を派生させて əyə と taya という形式をつくる．ərə と əyə との違い，および tara と taya との違いは，それぞれ前者が尊敬や親近感がある人を指すのに対して，後者の -y- は疎遠感があるか，または嫌気をもっている人を指すことである．

　さらに，二重子音をもった -yy- の異形態を派生させて，əyyə と tayya という形式をつくる．これは相手を見下げ，軽蔑している場合にこの形式をとるのである．

2.4 所属・再帰人称形式

項目	内容	所属人称						再帰人称	
1	単・複	単数			複数			単数	複数
2	人　称	一人称	二人称	三人称	一人称		二人称	三人称		
					除外形	包括形				
3	除・包				除外形	包括形				
4	略　語	C_2cI	CI	NIN	$MV_{2B}N$	TI	$SV_{2B}N$	JIN	NIWI	$NIWV_{2B}L$	$NIWV_{2B}L$
5	形　式	bi, wi	ʃi	niŋ	muŋ, mʉŋ	ti	suŋ, sʉŋ	dʒiŋ	niwi	niwal	niwəl
6	母音変化				V_{2B}		V_{2B}			V_{2C}	
7	子音変化	C_{2B}									

　エウェンキ語の所属人称形態の活用語尾は，名詞，代名詞，形容詞，数詞などの語幹の後に付加されて，所属・所有を明示

III. エウェンキ語概説

する．たとえば，

　mini ʉhʉrwi（わたしの牛）は，すなわち，「mi わたし -ni の ʉhʉr 牛 wi 所属人称の一人称単数形態の活用語尾」のなかで，/wi/を付加して所有を明示している．

　一方，再帰人称形態の活用語尾は，それが語幹の後に付加されると，人や物が自分に所属するという文法概念を表示することになる．たとえば，「məəni ʉhʉrniwi（わたし自身の牛）では，すなわち，「məə 自己 ni の ʉhʉr 牛 niwi 単数再帰人称形態の活用語尾」のなかで，/niwi/を付加して，牛の所有者が「わたし自己」であることを明示している．

　mini ukkəhəŋbi　əri　inig　əmərəŋ
　私の　息子　私　　この　日　　来る

　mini　həhəwi　moo　ʉgidədʉ　tʉttʉgəsə
　私の　猫　私　　樹　　上に　　　登った

　ʃini　　　ninihiŋʃi　əʃi　ilə　sosasa
　あなたの　犬　あなた　今　どこへ　逃げる

　tarini　moriŋniŋ　horigaŋ　dolo　aaʃiŋ
　彼の　　馬　彼　　　柵の　　中に　　いない

　mʉni　　　moriŋmʉŋ　　dooni　əgdʉni　bidʒirəŋ
　わたしたちの　馬　わたしたち　川　　岸に　　　いる

　məəni　moriŋniwi　oroondo　ugusu
　自分の　馬　自己　　上に　　乗った

2.5 形容詞の程度をあらわす形式

内容＼項目	1	2			3
分類	原級	比較級			最高級
下位分類		比較一級	比較二級	比較三級	
有標・無標	無標	有標			
活用語尾		haŋ	haya	hayahaŋ	kaŋ
活用語尾の意義素		少し	少しだけ	ほんの少しだけ	非常に
例	aya	ayahaŋ	ayahaya	ayahayahaŋ	ayakkaŋ
意味	良い	少し良い	少しだけ良い	ほんの少しだけ良い	非常に良い

エウェンキ語においては，形容詞は無標である原級を基本形として，級形態を示す豊富な活用語尾をともなって頻繁に使用される．たとえば，表中の例に見られるように，aya（良い）という性質をあらわす形容詞の基本形に比較級や最高級の活用語尾を付加すると，比較一級，比較二級，比較三級，最高級の形式となって，それぞれの意味内容をもつ形容詞を派生するといった具合である．以下に示すのは原級の例である．

 aya bəy　よい人　　　　　aya orooŋ　よいトナカイ
 nandahaŋ bəy　美しい人　nandahaŋ moriŋ　美しい馬
 dotʃtʃiŋ bəy　怒りっぽい人　dotʃtʃiŋ ninihiŋ　怒りっぽい犬
 dəyə ʃiguŋ　やわらかい光　dəyə imanda　やわらかい雪
 nonom dərəl　長い顔　　nonom ʃirittə　長い糸
 barguŋ niham　太い首　barguŋ moo　太い木
 honnoriŋ iisal　黒い目　honnoriŋ ʤʉʉ　黒い部屋
 naallaʃi　ずるい　（naalla「手」）

III. エウェンキ語概説

delaʃi 賢い （dela「頭」）
nəttəhe 嬉しい （nəttə-「笑う」）

2.5.1 比較一級の活用語尾

項目	略語	活用語尾	意味
内容	$C_{2A}V_{4A}N$	haŋ, həŋ, hoŋ, hɵŋ 及び kaŋ, kəŋ, koŋ, kɵŋ	少し

比較一級は，形容詞の基本形に比較一級の活用語尾が付加されることにより，原級の意味内容をもとにして「優等比較」をつくる．例えば，nonom「長い（原級）」の語幹に活用語尾 kaŋ を付加すると nonomkaŋ「少し（一層，もっと）長い」となる．

tari ayahaŋ inig ookkiwi oshoŋ ʤawanaraŋ
彼　少し良い　目（に）　なったら　魚　取りに行く

goddohoŋ bogdihi gorowu iʃim baharaŋ
少し高い　ところから　遠くまで　見　える

əri inig diramkaŋ təggətʧiwə titihə
今　日　少し厚い　服を　着てください

sappawa ʉrʉŋkʉŋkʉŋ mooʤi ooho
箸を　少し短い　木で　作ってください

2.5.2 比較二級の活用語尾

略語	$SV_{4A}LV_{4A}$	$H_{2A}V_{4A}LV_{4A}\sim$ $K_{2A}V_{4A}LV_{4A}$	$H_{2A}V_{4A}YV_{4A}\sim$ $K_{2A}V_{4A}YV_{4A}$
活用語尾	sala, sələ solo, sɵlɵ	hala, hələ, holo, hɵlɵ, kala, kələ, kolo, kɵlɵ	haya, həyə, hoyo, hɵyɵ, kaya, kəyə, koyo, kɵyɵ
意味差	一般的な意味	謙遜，平気，親切，礼儀，敬意などの意味	遺憾，疎遠，反感，不満，嫌気，軽蔑，冷淡などの意味
使用頻度	第 一 位	第 二 位	第 三 位

　比較二級は，比較一級よりももっとたくさんの活用語尾がある．活用語尾のひとつ，kaŋ をとりあげよう．例えば，形容詞 nonom（長い）の基本形（原級）に比較一級の活用語尾 kaŋ を付加すると nonomkaŋ（少し長い）となり，比較二級の活用語尾 kala を付加すると nonomkala「少しだけ長い（比較二級）」となる．形容詞があらわす意味は，比較一級によってあらわされる程度よりもさらに「(少しだけ，わずかに，ほんのちょっとだけ）程度が低い」ことをあらわす．すなわち比較二級は比較一級の劣等比較である．

　略語であらわされる3つのタイプの違いは，表中の意味差に見られるような感情的色彩にある．

$SV_{4A}LV_{4A}$
goddosolo　ʉrdʉ　mooyo　baraaŋ　biʃiŋ
少しだけ高い　山に　　木が　　たくさん　ある（一般的意味）

III. エウェンキ語概説

$H_{2A}V_{4A}LV_{4A} \sim K_{2A}V_{4A}LV_{4A}$

tari bəy ayahala bəy nəgəəŋ ʤonowuroŋ
あの 人は 少し良い 人 のように 思われる（敬意）

ada ikkiŋkələ təggətʃtʃiwi hokko yadu
姉さんは 少しだけ新しい 服を 全部 貧乏
bəydʉ bʉʉsə
　人に　　あげた（親切）

$H_{2A}V_{4A}YV_{4A} \sim K_{2A}V_{4A}YV_{4A}$

naallaʃihaya mənəəŋʤi əʤi ʉlildirə
少しだけずるい 奴と ない 往来
ずるい奴とつきあわない方がよい（反感）

diramkaya təggətʃtʃiyə əsə titir əhʉddiləsə ʃiŋʤa
少しだけ厚い 服を ない 着る 風を引く のです
少しだけ厚い服を着なかったから風邪を引いたのですね（遺憾）

2.5.3. 比較三級の活用語尾

類型＼項目		A	B	C	D
A	$SV_{4A}LV_{4A}HV_{4A}N$	salahaŋ	sələhəŋ	solohoŋ	sɵlɵhɵŋ
B	$H_{2A}V_{4A}LV_{4A}HV_{4A}N$	halahaŋ	hələhəŋ	holohoŋ	hɵlɵhɵŋ
C	$K_{2A}V_{4A}LV_{4A}HV_{4A}N$	kalahaŋ	kələhəŋ	kolohoŋ	kɵlɵhɵŋ
D	$H_{2A}V_{4A}YV_{4A}HV_{4A}N$	hayahaŋ	həyəhəŋ	hoyohoŋ	hɵyɵhɵŋ
E	$K_{2A}V_{4A}YV_{4A}HV_{4A}N$	kayahaŋ	kəyəhəŋ	koyohoŋ	kɵyɵhɵŋ
F	$H_{2A}V_{4A}NSV_{4A}LV_{4A}$	haŋsala	həŋsələ	hoŋsolo	hɵŋsɵlɵ
G	$K_{2A}V_{4A}NSV_{4A}LV_{4A}$	kaŋsala	kəŋsələ	koŋsolo	kɵŋsɵlɵ
H	$H_{2A}V_{4A}NKV_{4A}N$	haŋkaŋ	həŋkəŋ	hoŋkoŋ	hɵŋkɵŋ
I	$K_{2A}V_{4A}NKV_{4A}N$	kaŋkaŋ	kəŋkəŋ	koŋkoŋ	kɵŋkɵŋ
J	$H_{2A}V_{4A}HV_{4A}N$	hahaŋ	həhəŋ	hohoŋ	hɵhɵŋ
K	$K_{2A}V_{4A}HV_{4A}N$	kahaŋ	kəhəŋ	kohoŋ	kɵhɵŋ

　表に示された類型のAからKまでの11項目の活用語尾は，4種の母音a　ə　o　ɵの組み合わせによって，項目のAからDまでの4つの形式をもつグループに厳格に分けられる．

　比較三級をあらわすのに使われる活用語尾は，表中の一つ一つの形式を見て分かるように，ほとんどすべてが比較一級と比較二級の活用語尾を加えて作られている．

　例えば，形容詞の基本形（原級）nonom「長い」の語幹に，比較一級の活用語尾kaŋを付加するとnonomkaŋ「少し長い」となり，比較二級の活用語尾kalaを付加するとnonomkala「少しだけ長い」（比較二級）となる．比較三級の活用語尾kalahaŋを付加するとnonomkalahaŋ「ほんの少しだけ

Ⅲ．エウェンキ語概説

長い」（比較三級）となる具合である．

2.5.3.1 比較三級の活用語尾と意味差

項目	比較三級の活用語尾	比較三級に含まれる活用語尾の意味
1	$SV_{4A}LV_{4A}HV_{4A}N$	一般的な意味で使用する
2	$H_{2A}V_{4A}LV_{4A}HV_{4A}N$ $K_{2A}V_{4A}LV_{4A}HV_{4A}N$	人や事物の性格・性質及び形状・様態について，謙遜や丁寧，礼儀，親切，敬意などの口振りを表す
3	$H_{2A}V_{4A}YV_{4A}HV_{4A}N$ $K_{2A}V_{4A}YV_{4A}HV_{4A}N$	話し手がある人やことに対して，疎遠や反感，冷淡，平気，軽蔑，嫌悪になっている話す発話の中に使用する
4	$H_{2A}V_{4A}NSV_{4A}LV_{4A}$ $K_{2A}V_{4A}NSV_{4A}LV_{4A}$	人や事物の性格・性質及び形状・様態を表すと同時に，話し手が何かを希望し強調する言葉にもよく使用する
5	$H_{2A}V_{4A}NKV_{4A}N$ $K_{2A}V_{4A}NKV_{4A}N$	指示する意味かまたは命令する意味を表すコミュニケーションの中か，或いは何かを十分に強調する発話の中に使う
6	$H_{2A}V_{4A}HV_{4A}N$ $K_{2A}V_{4A}HV_{4A}N$	年寄が子供に対して話をするか，また話し手が聞き手に希望や期待教育，言い付けなどの意味を表す言葉に用いる

　比較三級は「ほんの少しだけ～」という意義素をもっている．例えば，形容詞 aya「良い（原級）」の語幹に比較三級の活用語尾 salahaŋ を付加すると (1) ayasalahaŋ「ほんの少しだけ良い（一般的意味）」となる．しかし，(2) ayahalahaŋ「ほんの少しだけ良い（親切な口振りで）」，(3) ayahayahaŋ「ほんの少しだけ良い（冷淡な口振りで）」，(4) ayahasala

— 143 —

「ほんの少しだけ良い（形状について言及する）」，(5) ayahaŋkaŋ「ほんの少しだけ良い（指示・命令的口振りで）」(6) nandahaŋ-kahaŋ「ほんの少しだけまじめに（希望・願望を込めた口振りで）」のように活用語尾のちがいによってさまざまな主観的・感情的色彩が加わるのである．

ahiŋbi　　　ayasalahaŋ　　　təgəəŋ　ʉnim　gasa
兄（←私の）　ほんの少しだけ良い　　車　　買い　取った
（私の兄はほんの少しだけ良い車を買った）

səggəhələhəŋ　bəy　əri　yəəməwʉ　oom　ətərəŋ
ほんの少し鋭い　人　この　こと　　する　できる
（ほんの少し鋭い人がこのことを解決することができるのです）

nandahaŋkalahaŋ　iggawu　gadame
ほんの少しだけ美しい　　花を　　買います

nonomkoyohoŋ　　təggətʃtʃiyə　titim　əʃiŋ　oodo
ほんの少しだけ長い　服を　　　　着る　ない　許す
（ほんの少し長い服でも着ることは許されない）

somowi　nəttəhəŋsələ　　bogdu　nəəhə
コップを　ほんの少しだけ低い　所に　　置いてください

bitigwi　ayahaŋkaŋ　　　　əərihə
本を　　ほんの少しだけよく　読みなさい

timaaʃiŋ　　əddəhəhəŋ　　　yʉʉhə
明日　　　ほんの少しだけ早く　起きてください

III. エウェンキ語概説

2.5.4 最高級の活用語尾

略　　語	$C_{2D}K_{2D}V_{4A}N$							
	$G_{2D}G_{2D}V_{4A}N$				$K_{2D}K_{2D}V_{4A}N$			
活用語尾	ggaŋ	ggəŋ	ggoŋ	ggɵŋ	kkaŋ	kkəŋ	kkoŋ	kkɵŋ
用法論上で表した意味構造の特徴や区別	話し手が自分の意識を強調する言葉に使用する				和気や丁寧，礼儀，親切などの意味内容を指す言葉に使用する			

　最高級は「非常に～」という意味をもっている．例えば goddo-ggoŋ「非常に高い」，aya-kkaŋ「非常に良い」

bi　ayakkaŋ　bəydʒi　ahiŋ　nəhʉŋ　dʒawaldisu
私　非常に良い　人と　　兄　　弟（に）　　なった

2.6 動詞の態をあらわす諸形式

項目	分類	略語	活用語尾
1	主動態	なし	なし
2	被動態	WV_{2B}	wu, wʉ
3	使動態	$C_{2A}V_{4A}N$	haŋ, həŋ, hoŋ, høŋ 及び kaŋ, kəŋ, koŋ, køŋ
4	互動態	LDI	ldi
5	共動態	TTE	tte

たとえば，mondaraŋ〈なぐる〉は以下のような形をとる．
(1) bi mondasu （わたしはなぐった〔主動態〕）
(2) bi mondawusu （わたしはなぐられた〔被動態〕）
(3) bi mondahaŋtʃu （わたしはなぐらせた〔使動態〕）
(4) bʉ mondaldisamuŋ
　　　（わたしたちはなぐりあいをした〔互動態〕）
(5) bʉ mondattesamuŋ
　　　（わたしたちはいっしょになぐった〔共動態〕）

III. エウェンキ語概説

2.7 動詞の相をあらわす諸形式

項目	相形態の分類	略　語	活用語尾
1	完 成 相	QQI	tʃtʃi
2	進 行 相	JISV$_{2A}$	ʥisa, ʥisə
3	未進行相	DDI	ddi
4	執 行 相	NV$_{4A}$	na, nə, no, nɵ
5	存 続 相	TV$_{4B}$L	taal, təəl, tool, tɵɵl
6	多 回 相	MV$_{4A}$L	/mal/, /məl/, /mol/, /mɵl/
7	一 回 相	QQIL	tʃtʃil
8	反 復 相	GV$_{2D}$QQI	guutʃtʃi/, /guᵾutʃtʃi
9	固 定 相	TV$_{4A}$N	/taŋ/, /təŋ/, /toŋ/, /tɵŋ/
10	中 断 相	JIQQI	ʥitʃtʃi
11	願 望 相	KKI	kki
12	未完成相	JI	ʥi

　日本語に置き換えれば，(1) ～してしまう（完成相），(2) 続けて～している（進行相），(3) ～しそうになっている（未進行相），(4) ～行動をおこなう（執行相），(5) ずっと～している（存続相），(6) 何回も～している（多回相），(7) 一回だけ～する（一回相），(8) 繰り返して～する（反復相），(9) そのまま～している（固定相），(10) 途中で～してしまう（中断相），(11) ～したい（願望相），(12) まだ～している（未完成相）にそれぞれ相当する．

　たとえば，mondaraŋ〈なぐる〉は以下のような形をとる．

(1) mondatʃtʃi (なぐって)
(2) mondadʒisa (なぐり続けて)
(3) mondaddi (なぐるときに)
(4) mondana (なぐりに行く)
(5) mondataal (ずっとなぐって)
(6) mondamal (何回もなぐって)
(7) mondatʃtʃil (一回だけなぐって)
(8) mondaguutʃtʃi (繰り返してなぐって)
(9) mondataŋ (なぐってそのまま)
(10) mondadʒitʃtʃi
 (なぐっているうちに，なぐっている途中で)
(11) mondakki (なぐりたければ)
(12) mondadʒi (まだなぐっている)

III. エウェンキ語概説

2.8 動詞直説法の諸形式

項目	分類			略語	活用語尾
1	現在形	単数	一人称	JIME	ʥime
2			二人称	JINDE	ʥinde
3			三人称	JIRV$_{4A}$N	ʥiraŋ, ʥirəŋ, ʥiroŋ, ʥireŋ
4		複数	一人称	JIMV$_{2B}$N	ʥimuŋ, ʥimʉŋ
5			二人称	JIQQV$_{2B}$N	ʥisuŋ, ʥisʉŋ, ʥitʃtʃuŋ, ʥitʃtʃʉŋ
6			三人称	JIRV$_{4A}$N	ʥiraŋ, ʥirəŋ, ʥiroŋ, ʥireŋ
7	現在・将来形	単数	一人称	ME	me
8			二人称	MDE	nde
9			三人称	C$_3$V$_{4A}$N	raŋ, rəŋ, roŋ, reŋ～daŋ, dəŋ, doŋ, dəŋ～naŋ, nəŋ, noŋ, nəŋ
10		複数	一人称	MV$_{2B}$N	muŋ, mʉŋ
11			二人称	C$_{2B}$V$_{2B}$N	suŋ, sʉŋ, tʃtʃuŋ, tʃtʃʉŋ
12			三人称	C$_3$V$_{4A}$N	raŋ, rəŋ, roŋ, reŋ～daŋ, dəŋ, doŋ, dəŋ～naŋ, nəŋ, noŋ, nəŋ
13	過去形	単数	一人称	C$_{2B}$V$_{2B}$	su, sʉ, tʃu, tʃʉ
14			二人称	C$_{2B}$V$_{4A}$ʃI	saʃi, səʃi, soʃi, səʃi～tʃaʃi, tʃəʃi, tʃoʃi, tʃəʃi
15			三人称	C$_{2B}$V$_{4A}$	sa, sə, so, sə～tʃa, tʃə, tʃo, tʃə
16		複数	一人称	C$_{2B}$V$_{4A}$MV$_{2B}$N	samuŋ, səmʉŋ, somuŋ, səmʉŋ～tʃamuŋ, tʃəmʉŋ, tʃomuŋ, tʃəmʉŋ
17			二人称	C$_{2B}$V$_{4A}$SV$_{2B}$N	sasuŋ, səsʉŋ, sosuŋ, səsʉŋ～tʃasuŋ, tʃəsʉŋ, tʃosuŋ, tʃəsʉŋ
18			三人称	C$_{2B}$V$_{4A}$	sa, sə, so, sə～tʃa, tʃə, tʃo, tʃə

エウェンキ語への招待

(1) わたしは～する（一・単・現），(2) あなたは～する（二・単・現），(3) かれ・かの女は～する（三・単・現）(4) わたしたちは～する（一・複・現），(5) あなたたちは～する（二・複・現），(6) かれら・かの女らは～する（三・複・現），(7) わたしは～するだろう（一・単・将），(8) あなたは～するだろう（二・単・将），(9) かれ・かの女は～するだろう（三・単・将）(10) わたしたちは～するだろう（一・複・将），(11) あなたたちは～するだろう（二・複・将），(12) かれら・かの女らは～するだろう（三・複・将），(13) わたしは～した（一・単・過），(14) あなたは～した（二・単・過），(15) かれ・かの女は～した（三・単・過）(16) わたしたちは～した（一・複・過），(17) あなたたちは～した（二・複・過），(18) かれら・かの女らは～した（三・複・過）

たとえば，niniraŋ〈行く〉は以下のような形をとる．

(1) bi		-dʒime	わたし	
(2) ʃi		-dʒinde	あなた	
(3) nogaŋ	nini-	-dʒiraŋ	かれ	は行っている
(4) bʉ		-dʒimʉŋ	わたしたち	
(5) sʉ		-dʒisʉŋ	あなたたち	
(6) talar		-dʒiraŋ	かれら	

(7) bi		-me	わたし	
(8) ʃi		-nde	あなた	
(9) nogaŋ	nini-	-rəŋ	かれ	は今或いは将来行きます
(10) bʉ		-mʉŋ	わたしたち	
(11) sʉ		-tʃtʃʉŋ	あなたたち	
(12) talar		-rəŋ	かれら	

Ⅲ. エウェンキ語概説

(13) bi
(14) ʃi
(15) nogaŋ
(16) bʉ
(17) sʉ
(18) talar
} nini- {
-sʉ　　　わたし
-iʃə　　 あなた
-sə　　　かれ
-səmʉŋ　わたしたち
-səsʉŋ　あなたたち
-sə　　　かれら
} は行きました

2.9 動詞願望法の諸形式

項目	分類		略語	活用語尾
1	単数	一人称	KTE, GV₄ₐRE	kte, gare, gəre, gore, gøre
2		二人称	C₂ₐV₄ₐ	ha, hə, ho, hø, ka, kə, ko, kø
3		三人称	GV₄ₐNI	gani, gəni, goni, gøni
4	複数	一人称	KTEMV2BN, GV₄ₐTMV₂ᵦN	ktemuŋ, ktemʉŋ, gatmuŋ, gətmʉŋ, gotmuŋ, gøtmʉŋ
5		二人称	HV₄ₐLDV₂ᵦNE	haldune, həldʉne, holdune, høldʉne
6		三人称	GV₄ₐNI	gani, gəni, goni, gøni

(1) わたしは〜したい (一・単・現), (2) あなたは〜したい (二・単・現), (3) かれ・かの女は〜したい (三・単・現), (4) わたしたちは〜したい (一・複・現), (5) あなたたちは〜したい (二・複・現), (6) かれら・かの女らは〜したい (三・複・現)

たとえば, ninirəŋ〈行く〉は, 以下のような形をとる.

(1) bi
(2) ʃi 　nini- ｛ -kte〜gəre　わたしは行きたい
(3) nogəŋ 　　　　-hə　あなたは行くことを希望する
　　　　　　　　　-gəni　かれは行くことを希望する

(4) bʉ
　　　　　　　　　-ktəmʉŋ〜-gətmʉŋ
　　　　　　　　　　わたしたちは行きたい
(5) sʉ　nini- ｛ -həldʉne
　　　　　　　　　　あなたたちは行くことを希望する
(6) talar
　　　　　　　　　-gəni
　　　　　　　　　　かれらは行くことを希望する

2.10 動詞命令法の諸形式

項目	分類		略語	活用語尾
1	単数	一人称	$GV_{4A}R$	gar, gər, gor, gɵr
2		二人称	C_5	h, k, r, t, n,
3		三人称	GIN	giŋ
4	複数	一人称	$GV_{4A}R$	gar, gər, gor, gɵr
5		二人称	$HV_{4A}LDV_{2B}N$	haldʉŋ, həldʉŋ, holdʉŋ, hɵldʉŋ
6		三人称	GIN	giŋ

(1) わたしが〜します（一・単・現），(2) あなたは〜しなさい（二・単・現），(3) かれ・かの女は〜しなさい（三・単・現），(4) わたしたちが〜します（一・複・現），(5) あなたたちは〜しなさいい（二・複・現），(6) かれら・かの女らは〜しなさい（三・複・現）

III. エウェンキ語概説

たとえば，ninirəŋ〈行く〉は，以下のような形をとる．

(1) bi
(2) ʃi } nini- { -gər　わたしが行きなさい
(3) nogaŋ   -h　　あなたは行きなさい
                -giŋ　かれは行きなさい

(4) bʉ
(5) sʉ } nini- { -gər　　わたしたちが行きなさい
(6) talar   -həldʉŋ　あなたたちは行きなさい
                -giŋ　　かれらは行きなさい

2.11 動詞仮定法の諸形式

項目	分　類		略　語	活用語尾
1	単数	一人称	KKIWI	kkiwi
2		二人称	KKIʃI	kkiʃi
3		三人称	KKINI	kkini
4	複数	一人称	KKIMV$_{2B}$N	kkimuŋ, kkimʉŋ
5		二人称	KKISV$_{2B}$N	kkisuŋ, kkisʉŋ
6		三人称	KKINI	kkini

わたしが〜すれば（一・単・現），あなたが〜すれば（二・単・現），かれ・かの女が〜すれば（三・単・現），わたしたちが〜すれば（一・複・現），あなたたちが〜すれば（二・複・現），かれら・かの女らが〜すれば（三・複・現）

たとえば，ninirəŋ〈行く〉は，以下のような形をとる．

(1) bi
(2) ʃi   } nini- { -kkiwi わたしが行けば
(3) nogaŋ }   { -kkiʃi あなたが行けば
                   { -kkini かれが行けば

(4) bʉ
(5) sʉ   } nini- { -kkimʉŋ わたしたちはが行けば
(6) talar }   { -kkisʉŋ あなたたちが行けば
                   { -kkini かれらが行けば

2.12 副動詞の諸形式

項目	分 類	略 語	活用語尾
1	目的副動詞	$NV_{4A}M$, $NV_{4A}QQI$	nam, nəm, nom, nɵm〜natʃtʃi, nətʃtʃi, notʃtʃi, nɵtʃtʃi
2	条件副動詞	$CV_{4A}LV_{4A}$	sala, sələ, solo, sɵlɵ〜tʃala, tʃələ, tʃolo, tʃɵlɵ
3	因果副動詞	GEER	geer
4	順次副動詞	$LV_{4B}HIN$	laahiŋ, lɘɘhiŋ, loohiŋ, lɵɵhiŋ
5	即刻副動詞	KKIL	kkil
6	譲歩副動詞	KKIT	kkit
7	限度副動詞	$QQV_{2C}HIN$	tʃtʃohiŋ, tʃtʃɵhiŋ
8	連合副動詞	M	m
9	併進副動詞	DDV_{4B}	ddu, ddʉ

　(1) 〜するために（目的副動詞），(2) 〜をしたら（条件副動詞），(3) 〜をしたので（因果副動詞），(4) 〜をした後に（順次副動詞），(5) 〜をしたらすぐに（即刻副動詞），(6)

III. エウェンキ語概説

〜をしても（譲歩副動詞），(7) 〜するまで（限度副動詞），(8) 〜をして〜をする（連合副動詞），(9) 〜をすると同時に（併進副動詞）

たとえば，gadaŋ〈とる〉は，以下のような形をとる．

(1) bi ga-nam　　　わたしは取るために
(2) bi ga-sala　　　わたしが取ったら
(3) bi ga-geer　　　わたしは取ったので
(4) bi ga-laahiŋ　　わたしが取った次に
(5) bi ga-kkil　　　わたしが取ったあとすぐに
(6) bi ga-kkit　　　わたしが取っても
(7) bi ga-tʃtʃohiŋ　わたしが取るまで
(8) bi ga-m (bɯɯsɯ)　　わたしが取って（あげた）
(9) bi ga-ddu (tihisə)　わたしが取ると同時に（おとした）

2.13 形動詞の諸形式

項目	分類	略語	活用語尾
1	現在形	JIR	ʤir
2	現在・将来形	R	r
3	過去形	$C_{2B}V_{4A}$	sa, sə, so, sɵ〜tʃa, tʃə, tʃo, tʃɵ

形動詞とは，形容詞の性質をもった動詞を言い，この形動詞の語幹のあとに名詞相当の単語を付加することによってその単語を支配する機能がある．

(1) monda-ʤir-wa　　（なぐっているのを〔現在形〕）
(2) monda-r-wa　　　（なぐるのを〔現在・将来形〕）
(3) monda-sa-wa　　　（なぐったのを〔過去形〕）

2.14 助動詞 bi-（肯定）と ə-（否定）の形態変化

項目	分 類		活用語尾	
1	単 数	一人称	ʥi+	m
2		二人称		nde
3	現在形	三人称		rəŋ
4	複 数	一人称		mʉn
5		二人称		tʃtʃʉŋ
6		三人称		rəŋ
7	現在、将来形	単 数	一人称	ʃi+	m
8			二人称		nde
9			三人称		ŋ
10		複 数	一人称		mʉn
11			二人称		sʉŋ
12			三人称		ŋ
13	過去形	単 数	一人称		su, sʉ
14			二人称		səʃi
15			三人称		sə
16		複 数	一人称		səmʉn
17			二人称		səsʉŋ
18			三人称		sə

　bi- は biʃiŋ（ある）の語幹であり，aa-～ə- は aaʃiŋ～əʃiŋ（ない）の語幹である．肯定の場合は，主動詞が助動詞の前に

Ⅲ. エウェンキ語概説

置かれ，否定の場合は，助動詞は主動詞の前に置かれる．ここに，niniraŋ（行く）という動詞を例にしてその活用を見る．

肯定形・現在
  (1) bi ninim bi-dʒi-m　　　わたしは行っている
  (2) ʃi ninim bi-dʒi-nde　　あなたは行っている
  (3) nugaŋ ninim bi-dʒi-rəŋ　かれ・かの女は行っている
  (4) bʉ ninim bi-dʒi-mʉŋ　　わたしたちは行っている
  (5) sʉ ninim bi-dʒi-tʃtʃʉŋ　あなたたちは行っている
  (6) talar ninim bi-dʒi-rəŋ　かれらは行っている

肯定形・現在（将来）
  (7) bi ninim bi-ʃi-m　　　　わたしは行く
  (8) ʃi ninim bi-ʃi-nde　　　あなたは行く
  (9) nugaŋ ninim bi-ʃi-ŋ　　　かれ・かの女は行く
  (10) bʉ ninim bi-ʃi-mʉŋ　　　わたしたちは行く
  (11) sʉ ninim bi-ʃi-sʉŋ(tʃtʃʉŋ)　あなたたちは行く
  (12) talar ninim bi-ʃi-ŋ　　　かれらは行く

肯定形・過去
  (13) bi ninim bi-sʉ　　　　わたしは行った
  (14) ʃi ninim bi-səʃi　　　あなたは行った
  (15) nugaŋ ninim bi-sə　　　かれ・かの女は行った
  (16) bʉ ninim bi-səmʉŋ　　　わたしたちは行った
  (17) sʉ ninim bi-səsʉŋ　　　あなたたちは行った
  (18) talar ninim bi-sə　　　かれらは行った

否定形・現在
  (1) bi ə-dʒi-m ninirə　　　わたしは行かない

(2) ʃi ə-dʒi-nde ninirə あなたは行かない
(3) nugaŋ ə-dʒi-rəŋ ninirə かれ・かの女は行かない
(4) bʉ ə-dʒi-mʉn ninirə わたしたちは行かない
(5) sʉ ə-dʒi-tʃtʃʉŋ ninirə あなたたちは行かない
(6) talar ə-dʒi-rəŋ ninirə かれらは行かない

否定形・現在（将来）
(7) bi ə-ʃi-m ninirə わたしは行かない
(8) ʃi ə-ʃi-nde ninirə あなたは行かない
(9) nugaŋ ə-ʃi-ŋ ninirə かれ・かの女は行かない
(10) bʉ ə-ʃi-mʉn ninirə わたしたちは行かない
(11) sʉ ə-ʃi-sʉŋ ninirə あなたたちは行かない
(12) talar ə-ʃi-ŋ ninirə かれらは行かない

否定形・過去
(13) bi ə-sʉ ninirə わたしは行かなかった
(14) ʃi ə-səʃi ninirə あなたは行かなかった
(15) nugaŋ ə-sə ninirə かれ・かの女は行かなかった
(16) bʉ ə-səmʉn ninirə わたしたちは行かなかった
(17) sʉ ə-səsʉŋ ninirə あなたたちは行かなかった
(18) talar ə-sə ninirə かれらは行かなかった

III. エウェンキ語概説

3. エウェンキ語の語彙

3.1 数　詞

3.1.1 基数詞

əmʉŋ 一	ʤaaŋ əmʉŋ 十一	oriŋ əmʉŋ 二十一	niŋʉŋŋe 六十
ʤʉʉr 二	ʤaaŋ ʤʉʉr 十二	oriŋ ʤʉʉr 二十二	nadaŋŋe 七十
ilaŋ 三	ʤaaŋ ilaŋ 十三	oriŋ ilaŋ 二十三	ʤahuŋŋe 八十
digiŋ 四	ʤaaŋ digiŋ 十四	gotiŋ 三十	yərəŋ 九十
toŋ 五	ʤaaŋ toŋ 十五	gotiŋ əmʉŋ 三十一	namaaʤ 百
niŋʉŋ 六	ʤaaŋ niŋʉŋ 十六	gotiŋ ʤʉʉr 三十二	meŋgan 千
nadan 七	ʤaaŋ nadan 十七	gotiŋ ilaŋ 三十三	tʉmʉn 万
ʤahoŋ 八	ʤaaŋ ʤahoŋ 十八	gotiŋ digiŋ 三十四	doŋtʃur 億
yəgiŋ 九	ʤaaŋ yəgiŋ 十九	dəhi 四十	aaʃiŋ 零
ʤaaŋ 十	oriŋ 二十	toŋŋe 五十	təg 零

3.1.2 序数詞

əmʉ(ŋ)he 第一	əmʉŋdʉgər 第一	əmʉŋdʉhi 一回
ʤʉʉ(r)he 第二	ʤʉʉrdʉgər 第二	ʤʉʉrdʉhi 二回
ila(ŋ)he 第三	ilaŋdugar 第三	ilaŋduhi 三回
digi(ŋ)he 第四	digiŋdʉgər 第四	digiŋdʉhi 四回
to(ŋ)he 第五	toŋdugar 第五	toŋduhi 五回
niŋʉ(ŋ)he 第六	niŋʉŋdʉgər 第六	niŋʉŋdʉhi 六回
nada(n)he 第七	nadandugar 第七	nadanduhi 七回
ʤaho(ŋ)he 第八	ʤahoŋdugar 第八	ʤahoŋduhi 八回
yəgi(ŋ)he 第九	yəgiŋdʉgər 第九	yəgiŋdʉhi 九回
ʤaa(ŋ)he 第十	ʤaaŋdugar 第十	ʤaaŋduhi 十回

3.2 時　刻

sag(əriŋ) 時	Minoot 分	səkuʉnt 秒
əmʉŋ sag(əriŋ) 一時	əmʉŋ minoot 一分	əmʉŋ səkuʉnt 一秒
ʤuʉr sag(əriŋ) 二時	ʤuʉr minoot 二分	ʤuʉr səkuʉnt 二秒
ilaŋ sag(əriŋ) 三時	ilaŋ minoot 三分	ilaŋ səkuʉnt 三秒
digiŋ sag(əriŋ) 四時	digiŋ minoot 四分	digiŋ səkuʉnt 四秒
toŋ sag(əriŋ) 五時	toŋ minoot 五分	toŋ səkuʉnt 五秒
niŋʉŋ sag(əriŋ) 六時	niŋʉŋ minoot 六分	niŋʉŋ səkuʉnt 六秒
nadan sag(əriŋ) 七時	nadan minoot 七分	nadan səkuʉnt 七秒
ʤahoŋ sag(əriŋ) 八時	ʤahoŋ minoot 八分	ʤahoŋ səkuʉnt 八秒
yəgiŋ sag(əriŋ) 九時	yəgiŋ minoot 九分	yəgiŋ səkuʉnt 九秒
ʤaaŋ sag(əriŋ) 十時	ʤaaŋ minoot 十分	ʤaaŋ səkuʉnt 十秒
ʤaaŋ əmʉŋ sag(əriŋ) 十一時	gotiŋ minoot 三十分	ʤaaŋ əmʉŋ səkuʉnt 十一秒
ʤaaŋ ʤuʉr sag(əriŋ) 十二時	niŋʉŋŋe minoot 六十分	niŋʉŋŋe səkuʉnt 六十秒

III. エウェンキ語概説

3.3 年・月・日

ane 年	bee 月	inig 日
əmʉŋ ane 一年	əmʉŋ bee 一月	əmʉŋni inig 一日
ʤʉʉr ane 二年	ʤʉʉr bee 二月	ʤʉʉrni inig 二日
ilaŋ ane 三年	ilaŋ bee 三月	ilaŋni inig 三日
digiŋ ane 四年	digiŋ bee 四月	digiŋni inig 四日
toŋ ane 五年	toŋ bee 五月	toŋni inig 五日
niŋʉŋ ane 六年	niŋʉŋ bee 六月	niŋʉŋni inig 六日
nadan ane 七年	nadan bee 七月	nadanni inig 七日
ʤahoŋ ane 八年	ʤahoŋ bee 八月	ʤahoŋni inig 八日
yəgiŋ ane 九年	yəgiŋ bee 九月	yəgiŋni inig 九日
ʤaaŋ ane 十年	ʤaaŋ bee 十月	ʤaaŋni inig 十日
ʤaaŋ əmʉŋ ane 十一年	ʤaaŋ əmʉŋ bee 十一月	ʤaaŋ əmʉŋni inig 十一日
ʤaaŋ ʤʉʉr ane 十二年	ʤaaŋ ʤʉʉr bee 十二月	gotiŋni inig 三十日
əri ane 今年	əri bee 今月	əri inig 今日
tiŋaŋ 去年	noogu bee 前月	tiinʉg 昨日
əmər ane 来年	dʉləsə bee 先月	tiinʉg saawuʤiŋ 一昨日
tiŋaŋ saawuʤiŋ 一昨年	əmər bee 来月	timaaʃiŋ 明日
	ikkiŋ bee 正月	timaaniŋtʃi 明後日
	doliŋ bee 半月	noogu inig 前日
	ʤaloŋ bee 満月	əmər inig 翌日

3.4 曜　日

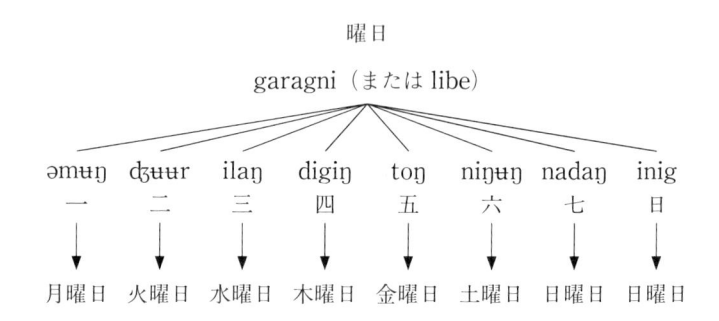

曜日

garagni（または libe）

əmuŋ	dʒuur	ilaŋ	digiŋ	toŋ	niŋun	nadaŋ	inig
一	二	三	四	五	六	七	日
↓	↓	↓	↓	↓	↓	↓	↓
月曜日	火曜日	水曜日	木曜日	金曜日	土曜日	日曜日	日曜日

3.5 季　節

夏	秋	冬	春	風季	雪季	雨季	夏至	冬至
dʒog	bol	tug	nələki	ədiŋni əriŋ	imandani əriŋ	uduŋni əriŋ	dʒogni madaŋ	tugni madaŋ

3.6 空間・方位

ʤulilə 南, 前 amila 北, 後 ʤəəŋgidə 　東, 左 baruŋgida 　西, 右	ugidə 上 əggidə 下 doligu 中 doliŋ 中	tulidə 外 doogu 内 saagida 　あっち側 əəgidə 　こっち側	ʤəəŋ ʤulilə 　東南 ʤəəŋ amila 　東北 baruŋ ʤulilə 　西南 baruŋ amila 　西北

3.7 エウェンキ族の氏名

dulaar ドラル tugduŋ 　ツッドン aawaŋtʃeŋ 　アーワンチン haahar 　ハーハル həyiŋ ヘイン ʃigədəŋ 　シゲデン ulisə ウリス	samagir 　サマゲル ola オラ bayagir 　バヤギル murut ムルツ yəkəgir 　エケギル boyagigir 　バヤギギル katagir 　カタギル	nahata 　ナハタ gudəgir 　グデゲル bargeŋ 　バルゲン tʃibtʃinut 　チブチヌツ ʤiŋgir 　ジンギル golatʃi ゴラチ sologoŋ 　ソロゴン	kartaguŋ 　カルタグン moŋgol daattu 　モンゴルダート əddug daattu 　大ダート nisuhuŋ daattu 　小ダート dultu ヅルツ ʤiŋkər 　ジンケル

エウェンキ語への招待

3.8 エウェンキ人の住む町や村の名称

haylar ハイラル市 hulunbeer フルンブイル市 gənhə ゲンヘ市 ʤalantun ザラントン市 yagʃi ヤケシ市 nəəhə ネイヘ市 əwəŋki エウェンキ族自治旗	ortʃen オロチェン族自治旗 moriŋdawa モリンダワダグール自治旗 aruŋ アロン旗 hootʃiŋbarug チンバルグ旗 bayintohoy バイントハイ鎮 duraar ドラル村 bayin バイン村	samaagir サマゲル村 tʃaalbatʃi チャルバチ村 olguya オルグヤ村 mərgəl メルゲル村 hoy ホイ村 imiŋ イミン村 hoŋgolʤi ホンゴルジ村

3.9 エウェンキ人の祭り

祭りの日程	祭りの名称	祭りの重要内容
1月1日	ikkiŋ ane 長寿祭	長寿の神様にいろいろな祈りをし，長寿者とシャーマンは子供や貧乏な人たちに食べ物やお金，縁気がいいことをシンボルしたものをプレゼントする．
1月5日	bokkoŋni inig 万神祭	すべての神様を祭る．
2月	ane bee 春の祭	冬の祭りとも言う．人々は互いに挨拶し，親族の間に様々なお祝いの活動を行う．所謂『春節』の祭り．
3月	owo 熊祭り	熊を祭るいろいろな活動が行われる．
4月	ominaraŋ 祖先神祭	人類の祖先をシンボルした神様の像の前に来ていろいろ祈る．
5月	oʤoorni inig 動物神祭	それぞれの動物の神様を祭る．主として家畜の神様を祭る．

III. エウェンキ語概説

6月18日	səbədʑiŋ inig カーニバル	村の人々は集まって，何日間に渡り大祭りを行う．中心的な意味は夏，花，緑，植物の神様を祭ることにある．
6月21-23日	ʃiguŋni inig 太陽祭	この三日間の間に太陽光が世に残す時間が一番長いので，寒いところに生活をしているエウェンキ人は，この日を太陽神の祭りといい，太陽の光と暖かさが人類に幸せな生活を持ってくることを祈る．
7月7日	bay natʃani inig 山神祭	山の神様を祭る．
8月1-5日	ominaraŋ 草原祭	牧畜生産及び豊作をお祝いする．
9月	mitəgəŋ 火神祭	かがり火の祭りともいう．草原と興安嶺では9月から天気がますます寒くなってくるので，エウェンキ人は冬が暖かく送れることを祈り，日の神様を祭る．
10月	dʑiyatʃini inig 幸運神祭	秋陽節ともいう．エウェンキ人は牛馬羊トナカイなどの頭数を統計し，一年の牧畜産業を決算すると同時に，冬と春の間に食べる肉を準備し，いろいろな牧畜生活の神様となるdʑiyatʃiを祭る活動を行う．
11月	imanaŋ 雪祭り	この季節になると草原と興安嶺で雪がいっぱい積り，雪の世界になり，雪の中での生活が始まるので，エウェンキ人は雪の神様の祭りを行う．その時，馬橇，牛橇，トナカイ橇，犬橇，スキー，雪の道具などの試合をも行う．
12月	ane modaŋ 年末祭	家族や村の人々の範囲で行う祭り．エウェンキ人は過した一年のことを振り返り，皆がこの一年を安全に過したことを祝っていろいろな活動を行う．

3.10 エウェンキ語で使う国と町の名称

Yəttəntʃi 地球	Koriya 韓国	Taywaŋ 台湾
Apurik アフリカ	Witnam ベトナム	Hoŋkoŋ 香港
Yoorop ヨーロッパ	Indɯ インド	Oomoŋ 澳門
Dologu gɯrɯŋ 中国	Tay タイ	ʃaŋhay 上海
Ameerik アメリカ	Biruma ビルマ	naŋdʑiŋ 南京
Yopooŋ 日本	Kampudʑiya	huhhoto フフホト
Aaŋgil イギリス	カンボジア	teŋdʑin 天津
Paraans フランス	Nyuyook	harbin 哈尔濱
Girmaŋ ドイツ	ニューヨーク	dʑilin 吉林
Kanada カナダ	tʃətʃəər モスクワ	mɯgdɯn 瀋陽
Moŋgol モンゴル国	paris パリ	dalen 大連
Looto ロシア	rondoŋ ロンドン	ʃiʃihar チチハル
Italiya イタリヤ	tookyo 東京	
Soloŋgos 朝鮮	Bəədʑiŋ 北京	

Ⅳ．エウェンキ語の基礎語彙

　エウェンキ語の基本語彙の中で狩猟と動物に関係があるものは非常に豊富で，各方面に渡っている．その他に，牧畜に関する語彙も多数持っている．また，エウェンキ語の語彙の中には同義語や同音語，類義語，多義語，オノパトペ（擬音語）なども含まれる．派生法と合成法はエウェンキ語に新たな語彙を作る主要な手段である．さらに，形態音韻論的ルールによって新しい語彙を創造する手段もある．

1. 名　詞

1. 天　象

abagaŋ	天, 空
dali	空のはて
bog	天空
ʃiguŋ	太陽
beega	月
oʃitta	星
səŋər	天の河
ilaaŋ	光（ひかり）
nəəriŋ	光る
anaŋ	影
ədiŋ	風
hʉʉgiŋ	大風
uduŋ	雨
sonoŋ	大雨
pattari	にわか雨
tokko	雨のしずく
ʃeeraŋ	虹
tətʃtʃi	雲
manaŋ	霧
ora	瘴気
ʃiiritʃtʃi	露
saawuŋ	霜
imanda	雪
ʉʉwin	風雪
boon	雹（ひょう）
gilowuŋ	いなびかり
adde	雷

2. 地　理

bog, na	地面
bʉlər	沼
ʃirattaŋ	土
ʃiwar	泥
ʃiltʃar	ぬかるみ
ʤolo	石
iŋa	砂
ələsuŋ	砂丘
ʉr	山
talaha	平原
həwər	曠野
ʉrhəŋ	坂
hoŋkor	丘
dawaar	嶺
ʤigga	谷
gokki	渓谷
saŋaal	穴
soppoŋgo	洞穴

Ⅳ. エウェンキ語の基礎語彙

mʉʉ	水	toorol	ほこり
өetʃtөmө	氷	hөөsөŋ	あぶく
əyəəŋ	水の流れ	tog	火
dale	海	ʤəddə	火事
dalegeŋ	波	uləttəŋ	灰
dəgəŋ	潮	saŋaŋ	けむり
ʉyir	洪水	dul	ほのお
argan	島		
amaʤi	湖		
doo, bira	川，河		

4. 動　物

nəəhi	川岸
ədəggə	渡し場
bular	泉
ələgeŋ	水の泡

3. 鉱　物

		iŋatta	毛
		iggi	しっぽ
		sawar	(動物の)爪(つめ)
altan	金	taha	蹄(ひづめ)
mʉgʉŋ	銀	iiggi	角(つの)
gooli	銅	tasug	虎
səl	鉄	atʃtʃalaŋ	獅子
ʤəw	さび	mirda	豹
bolor	鋼(はがね)	tʉʉggu	狼
giban	錫(スズ)	solahi	狐
toʤi	鉛(ナマリ)	soolge	イタチ
yaaga	石炭	əlʉhi	リス
taali, has	玉	ʤuuhum	カワウソ
alimaŋ	ダイアモンド	ʤaaŋ	象
		mʉdʉri	竜
		bog, orooŋ	鹿
		giisəŋ	ノロ

— 169 —

エウェンキ語への招待

dʒəgrəŋ	キバノロ	nonnohi	雁
torohi	猪(イノシシ)	bɵdɵnɵ	鶉(ウズラ)
ətəggəŋ	熊	hoggol	雉(キジ)
moyo	サル	bʉlhi	鶴
abgalde	猩猩(しょうじょう)	lattuhe	蝙蝠(コウモリ)
		hulihaŋ	虫
mara	野良猫	iʃitʃtʃi	蚕(カイコ)
əwəər	アナグマ	dʑiwəttə	蜜蜂(ミツバチ)
səŋəŋ	ハリネズミ	sootta	蜂の巣
əlbəhi	タヌキ	iigitti	スズメバチ
tooli	兎	dʑiwə	蜂蜜(ハチミツ)
aʃitʃtʃaŋ	鼠	doondohe	蝴蝶(チョウチョウ)
dəgi	鳥		
dəddəle	つばさ	nooŋgohe	毛虫
nooŋgar	羽	pɵmpɵldʑi	トンボ
umutta	たまご	gilawuŋ	ホタル
mʉri	鷹	hʉrəəldʑi	コオロギ
geehiŋ	ふくろう	gilʉhəŋ	蝿
garasuŋ	燕	ʉŋʉl	ウジ
saadʑige	カササギ	gʉŋtʃʉ	金バエ
ule	カラス	tatʃtʃig	蚊
dargunda	スズメ	aatahe	蜘蛛
tʉʉttʉge	ハト	ʃiliŋga	蜘蛛の糸
todi	インコ	əəpəldʑi	蛾(が)
urahaŋka	鴛鴦(オシドリ)	təməldʑi	カマキリ
tontohe	啄木鳥(キツツキ)	iirittə	アリ
		giirittə	白アリ
sooldolde	孔雀	goholoŋ	カタツムリ

IV. エウェンキ語の基礎語彙

məəttə	ミミズ	moroldʑi	ウナギ
dʑigir	ムカデ	daalba	タウナギ
ʃiŋiriŋ	油虫	saaroollo	サメ
hulihaŋ		ambalaŋ	鯨
tʃitʃtʃihuŋ	バッタ	altan oshoŋ	金魚
holeŋ	蛇	sabbe	蝦（エビ）
ʃiri	ヤモリ	hatʃtʃohe	蟹（カニ）
isəl	トカゲ	abbandahe	毛蟹（ケガニ）
suusuŋ	ナンキンムシ	hawa	ハマグリ
huŋkə	シラミ	olgiŋ	サザエ
uuttu	シラミの卵	moriŋ ərihi	トノサマガエル
sor	ノミ	nogoon ərihi	ガマ
sərəl	犬ジラミ		
taaddahuŋ	イナゴ	ərihi	アマガエル
hurit	シミ	iggiləŋ	オタマジャクシ
oshoŋ	魚	məgdəŋ	亀（カメ）
əʃigtə	鱗（うろこ）	hapi	スッポン
mərə	鰓（えら）	tonogoŋ	イカ
ʃihi	ひれ	adosuŋ	家畜
nitʃa	稚魚	tʃalha	白いトナカイ
gibahe	鯉（コイ）	homnomte	黒いメスのトナカイ
həltəhə	フナ		
imahaŋ	黄花魚（フウセイ）	harahatʃiŋ	黒いオスのトナカイ
ʃepel	マナガツオ	sahahaŋ	茶褐色のメスのトナカイ
suuruldu	カモグチ		
morgoŋ	ドジョウ	saha	茶褐色のオスのトナカイ
daahi	鯰（ナマズ）		

― 171 ―

hulkəŋ	灰色のメスのトナカイ	**sadʒuuli**	2歳のメスのトナカイ
poloŋtʃoŋ	灰色のオスのトナカイ	**yeewuhaŋ**	2歳のオスのトナカイ
tʃiʃkir	真っ白のメスのトナカイ	**wənnɵne**	3歳のトナカイの総称
hotʃal	真っ白のオスのトナカイ	**unonune**	3歳のメスのトナカイ
alahan	しま模様のメスのトナカイ	**itəəŋ**	3歳のオスのトナカイ
ala	しま模様のオスのトナカイ	**nowalahana**	4歳のオスのトナカイ
pohotitʃan	白黒のメスのトナカイ	**nemahar**	4歳以上のメスのトナカイの総称
pɵhoti	白黒のオスのトナカイ		
oʃanhanahaŋ	生まれたばかりのトナカイの総称	**nowalhana**	5歳のトナカイ
		motoŋ	6歳のトナカイ
		hətturu	7歳のトナカイ
		hirttəhər	8歳のトナカイ
sujuhaŋ aŋkanahaŋ	生まれたばかりのメスのトナカイ	**ʃeru**	交配用の種トナカイ
nəyəmohaŋ aŋkanahaŋ	生まれたばかりのオスのトナカイ	**solohe**	腹に子供をもっているトナカイ
dʒinoho	2歳のトナカイの総称	**toshaŋ**	1歳の牛
		iləəŋ	2歳の牛
		gonaŋ	3歳のオスの牛
		gonadʒiŋ	3歳のメスの牛

Ⅳ. エウェンキ語の基礎語彙

dənəŋ	4歳のオスの牛	**ʃəlhə**	オスのヤギ
dənədʒiŋ	4歳のメスの牛	**bubuna**	種付けをするヤギ
tooloŋ	5歳の去勢した牛		
		unuhun	子ヤギ
unuguŋ	乳牛	**təməgəŋ**	駱駝(ラクダ)
boh	種牛	**atta**	オスのラクダ
mohor	禿の牛	**aʃi**	メスのラクダ
soldʒehe	角の曲がった牛	**bura**	種付けをするラクダ
hender	角が一本の牛		
sowee	乳の出ないメスの牛	**bottogo**	ラクダの子
		olgeŋ	豚
sohər tomi	乳首があっても乳のでない牛	**aralaŋ**	オス豚
		məgdʒi	メス豚
holdʒaŋ	しま模様の牛	**əldʒig**	ロバ
uhur	牛の総称	**loosoo**	ラバ
əggəə	去勢した牛	**ninihin**	犬
moriŋ	馬	**yaatu**	メス犬
atta	去勢した馬	**həhə**	猫
nogohoŋ	子馬	**hahara**	ニワトリ
gəə	メス馬	**aminaŋ**	オンドリ
adʒigga	オス馬	**əminəŋ**	メンドリ
aduun	馬の群	**tʃutʃtʃu**	ヒヨコ
honiŋ	羊(ヒツジ)	**niihi**	アヒル
iggə	オスのメンヨウ	**ugtʃe**	鷲鳥
huʃ	種付けをするメンヨウ		
		### 5. 植 物	
hobbo	子羊		
imagaŋ	山羊(ヤギ)	**uggumal**	植物

エウェンキ語への招待

amira, ʉr	たね	badma	ハス
nolor	苗	gabir	モクセイ
moo	木	həwəŋ	ワタ
hoso, ʃige	林, 森	samur	バラ
gara	枝	saŋhotʃtʃi	赤いバラ
latʃtʃi	葉	udwal	菊
igga	花	mandarwa	牡丹
əwə	とげ	salir	スミレ
omo	実	sagirma	ラン
botʃtʃo	豆	higgasuŋ	オオバコ
həŋkə	果物	səggiŋ	水仙
higgasuŋ	シュロ	ʃiguŋ igga	ヒマワリ
hultʃiŋ	竹	agi	ヨモギ
boggoŋ	柳	hultʃiŋ	アシ
hoŋgotʃtʃo	エンジュ	hʉttu	コケ
ula	ポプラ	hʉmmʉli	チガヤ
ʤadda	松	orootto	草
saalbaŋ	カシワ	tarigaŋ	田
ʤaggar	クスノキ	hanta	稲
hos	白樺	sʉh	穂
tal	白樺の樹皮	giltariŋ	米
haylasʉŋ	楡(ニレ)	ʤəəttə	
dagar	カエデ	aaga	ぬか
saarsʉŋ	クヌギ	gurul	小麦粉
heelasʉŋ	桐	narimu	アワ
naggil	ヤシ	sʉsʉ	コーリャン
alir	梅	onotto	麻
guylәsʉŋ	アンズ		

Ⅳ. エウェンキ語の基礎語彙

hʉkkʉmʉl dʒəəttə	煎り米	tarbus	スイカ
boolmeŋ	トウモロコシの粉	piŋgo	リンゴ
		anar	ザクロ
nogo	野菜		
haltoʃig	ジャガイモ	### 6. 食 物	
looko	サトイモ	ʃilʉ	スープ
datuse	キャベツ	ʃʉʉsʉŋ	汁，ジュース
giltariŋ nogo	白菜	sappe	干しエビ
		pintʉs	ハルサメ
bɵɵse	ホウレンソウ	bohatta	キクラゲ
ʃilindər	アブラナ	umutta	たまご
həŋkə	キュウリ	ɵwəŋ	点心
loobu	ダイコン	sataŋ	あめ玉
haʃi	ナス	doosuŋ	塩
hooʃoŋ	ピーナツ	dʒaŋyu	醬油
hʉŋdʒir	ゴマ	disʉ	酢
haleer əl	ニラ ネギ	hodir	ソーダ，アルカリ
sompol	玉ネギ	hoodʒor	サンショウ
soondo	ニンニク	meŋtʃis	ふくらし粉
laadʒu	トウガラシ	see	茶
ʃindʒu	ピーマン	akki	酒
tʉbʉgi	フルーツ	ʉhʉŋ	ミルク
toor	桃	daŋga	紙巻きタバコ
alim	梨	dʒooho	かまど
almar	葡萄	birdaŋ	こんろ
gadali	バナナ	iihə	鍋(なべ)

hisoor	フライ返し	hantasuŋ	上着
mana	釜(かま)	həŋgətʃtʃi	シャツ
iildə	なべのすす	saŋtʃi	ひとえの中国服
dʒoolo	網じゃくし	gagara	綿入れの中国服
barooʃi	水びゃくし	suuŋ	毛皮製の中国服
pila	大皿	daha	毛皮製の短衣
dees	小皿	dəhəli	毛皮製のベスト
taŋgur	碗	numuŋku	毛皮製のジャケット
sappa	箸		
sərə	フォーク	dʒah	襟(えり)
unahaŋ	スプーン	əŋgər	前身ごろ
laasa	缶，つぼ	uutʃtʃil	そで
waar	水がめ	umul	腰ひも
sohoŋko	ひしゃく	əkki	ズボン
guuŋ	瓶	təlige	ベルト
saahu	急須	buraadʒ	スカート
somo	コップ	totʃtʃi	ボタン
		tukku	ポケット
		ʃimhəttə	衣服のへり
		aawaŋ	帽子

7. 服　飾

		uuŋku	スカーフ
boosə	布	nihamatʃtʃi	マフラー
ʃihhəg	シルク	bəəle	手袋
tooggo	緞子	hommeŋka	エプロン
immə	針	unta	靴
unuhuttuŋ	指ぬき	dʒasa	喪服
ʃirittə	糸	hulittuŋ	纏足の布
uyəttə	火のし	təwuŋkə	とめ針
təti	衣服		

IV. エウェンキ語の基礎語彙

dəwiŋki	扇子	batʃtʃi	棺桶，ひつぎ
saraŋ, saratʃtʃi	傘	hooroŋ	墓
		dələ	馬小屋
ərhə	アクセサリー	geelaŋ	廊下
suuŋkur	ネックレス	tagtawuŋ	テラス
gagga	イアリング	pəŋ	天井
bagga	ブレスレット	teebu	はり，棟木
unuhuttuŋ	指輪	togguur	柱(はしら)
sag	腕時計	dɯsə	内壁
baldaar	ステッキ	hərəŋ	外壁
suŋku	財布	bulaŋ	角，隅
dee	パイプ	hɯli	階段
		soŋko	窓

8. 家 屋

		orho	天窓
		ɯkku	ドアー
huragaŋ	柵，囲い	tor	敷居
ɯɯge	巣，小屋	ənih	梁(はり)
ʤɯɯ	家	həə	框(かまち)
ʃirəŋ ʤɯɯ	エウェンキ人のテント	tələŋkə	かんぬき
		tɯttɯgəŋkə	石段
өөpəŋ	土レンガの家	holdi	煙突
өggө	包(パオ)，放牧用のテント	hodir	井戸
		ʤamba	垣根
hana	包(パオ)の壁	yoosug	かぎ，錠前
tərɯŋ	包(パオ)のたる木	anahu	かぎ
		əyʤi	煉瓦
əruhu	包(パオ)の天窓	tɯɯpi	煉瓦の素型
haʃi	倉庫	ʃohoy	石灰

sʉyni	セメント	**tansa**	絨毯
		dəbbə	枕
		ahuŋka	カーテン
## 9．日常用品		**heeʃi**	ハサミ
əsʉr	ほうき	**ʉshəŋ**	ナイフ
awaŋki	ぞうきん	**ləh**	と石
dəwiŋki	はたき	**ʒe**	柄（え）
dakkul	ちりとり	**maŋtʃu**	カナヅチ
ʃuttul	ごみ	**sʉhʉ**	斧（おの）
wəydərə	水桶	**əyʉggu**	ペンチ
ʃirə	テーブル	**oogoŋ**	ノコギリ
təgəŋkə	椅子	**iggə**	ヤスリ
səttəggə	クッション	**ərʉn**	キリ
bandaŋ	背のない椅子	**ʃiloŋ**	千枚とじ
hoggo	戸棚	**tuygaŋ**	カンナ
tatuhu	ひきだし	**dəgə**	手かぎ
dəttəhi	小箱	**tikkəsʉŋ**	くぎ
addar	大箱，トランク	**ərəəsʉŋ**	ねじくぎ
or	ベッド	**daŋdʒi**	てんびん棒
bilʉhʉ	鏡	**hʉddu**	車の輪
dəŋdʒəŋ	灯	**ulʉn**	すき
la	ロウソク	**hosoŋko**	くわ
dendəŋ	電灯	**haduuŋ**	鎌（かま）
nerugaŋ	絵	**dagasʉŋ**	棒
tuhu,	敷ぶとん	**ʃisugu**	むち
dədʒdʒə		**taattuŋ**	太い綱
ulda	掛ぶとん	**ukkuŋ**	なわ，ひも
dərəsʉŋ	むしろ	**hukkuŋ**	麻なわ

IV．エウェンキ語の基礎語彙

hoŋge	桶(おけ)，たる	**asa**	白樺の樹皮で作ったお椀
mʉʉləŋkə	手さげ桶		
səŋʤi	桶の取っ手	**ʉtətəyʤi**	白樺の樹皮で作った水を運ぶ桶
aga	かご，ざる		
səəltʂə	手さげかご		
ʤooli	じょうご	**mʉlkʉ**	白樺の樹皮で作った水桶
sʉydəŋ	マッチ		
hattasʉŋ	板(いた)	**howa**	白樺の樹皮で作った洗面器
ʉrə	針金		
waar	瓦(かわら)	**salka**	白樺の樹皮で作った乳搾りの桶
sʉgi	塗料		
gʉʉŋ	ガラス		
saaʤiŋka	磁器	**təttihi**	白樺の樹皮で作ったトランク
alagaŋ	網		
mʉsʉŋ	網の目	**hapi**	白樺の樹皮で作った塩の盆
asa	やす		
huhola	白樺の樹皮で作った米の桶	**hiyaas**	白樺の樹皮で作った容量を量る容器
huŋkesəŋ	白樺の樹皮で作った弁当箱	**honkesaŋ**	白樺の樹皮で作った漬け物を盛る盆
mata	白樺の樹皮で作った小型用具		
mitʂahu	白樺の樹皮で作った細く高い桶	**aga**	白樺の樹皮で作ったかご
		doggol	白樺の樹皮で作った箕
mʉʉtʂə	白樺の樹皮で作った一人用の漁船		

akhon	白樺の樹皮で作った夏用の帽子	**godoŋdʒi**	町，辻，ろじ
		sore	小道
		hөөggө	橋
alatta	白樺の樹皮で作った魚を入れるかご	**səsəllig**	公園
		iliggi	駅
		gatʃa	村
molagar	白樺の樹皮で作った車	**guruŋ**	国家
		turu	政府
naturasha	白樺の樹皮で作った火薬入れ	**iggəŋ**	人民
		nam	党
paaŋk	白樺の樹皮で作ったお菓子入れ	**modʒi**	省
		gusu	県
		ʃiipuŋ	税金
dʒunis	白樺の樹皮で作った茶筒	**hoda**	商売
		dansa	勘定
dʒumaŋ	白樺の樹皮で作った洗濯用のかご	**hotʃtʃo**	商店
		gərə	契約
		tamu	借金
sal	白樺の樹皮で作った船	**hu**	利息
		hoda	価格
moohobbo	白樺の樹皮で作った米の桶	**giŋ**	秤（はかり）
		tuʃi	竿秤の分銅
		giŋ	斤
		laŋ	両
10. 社　会		**tʃi, iisəŋ**	尺
		daar	丈
hotoŋ	都市，町	**bog**	里
təggu	道路	**mu**	畝
ge	通り，街		

IV. エウェンキ語の基礎語彙

11. 文化用品

ʤiŋʤiwuŋ	ことば	dəli	櫓(ろ)
ʤaʃihaŋ	手紙	dabbar	帆(ほ)
ʃirittə	電話	soŋ	汽船
ʃimə	新聞	mokkiŋka	舵(かじ)
təhəriwuŋ	観光旅行	tawuŋka	錨(いかり)
puuge	旅行の荷物	tasug	学校
waadan	ふろしき包み	taŋkiŋ	講堂
təggəəŋ	車	bitig	本
paas	バス	dəttər	ノート
paar	橇(そり)	saasuŋ	紙
soohө	輿(こし)，かご	ʤoriŋka	ペン
əməgəl	鞍(くら)	bəgə	墨(すみ)
təgəndə	鞍(くら)のクッション	sambar	黒板
		pəŋbi	チョーク
durəŋki	鐙(あぶみ)	gaŋbi	万年筆
gaanʤuha	鞍(くら)にとりつける綱	miisul	インク
		haranda	鉛筆
uluŋ	馬の腹帯	arokkowuŋka	消しゴム
ʤolo	手綱(たづな)	doroŋ	印，スタンプ
hadal	くつわ	hatʃtʃiŋku	紙ばさみ
lonto	かご，おり	lattaŋka	のり
sisə	自動車	sawaŋ	洗面器
ʤewe	小船	ʤottog	足を洗うたらい
porohor	船	ʃibuŋ	せっけん
seliŋkə	オール	sooso	歯ブラシ
dabbi	船尾	ʃihiŋ	つまようじ
		iddoŋ	くし
		suuŋku	すきぐし

iltʃawuŋ	弁髪，おさげ	tuŋku	シャーマンの太鼓
ʉgiiŋkə	おもちゃ		
ʉnʉgʉl	物語	niŋaliraŋ	シャーマンが祈る
gəhʉldʒi	ブランコ		
haart	カルタ	samaaniraŋ	シャーマンが踊る
dʒaandawʉŋ	歌		
hʉdʒdʒim	琴，ピアノ	boom	鬼火
limbʉ	笛	narni	呪文
laaba	ラッパ	sədʒi	タブー
həŋgəggə	太鼓	sʉdʒi	易（えき）
tʃaŋ	ドラ	sowoggo	塔
ʃag	将棋	sadamu	風水
ʃii	劇，芝居	hodori	吉祥
kino	映画	ikkiŋ	元旦
dʒooʃeŋ	写真をとる	ane	年
pisaŋku	呼び子	poodʒaŋ	爆竹
bokkoŋ	神	haŋʃi	清明節
ərlig	閻魔大王	bʉtʉ	おおみそか
ʃikkʉl	幽霊		
sʉnsʉ	霊魂		
hʉdʒi	線香		
tahigaŋ	祭り		
sʉm	廟		
səwhi	寺		
bokkoŋ	佛		
samaaŋ	シャーマン		
dʒasa	シャーマンの服		

12．人　体

bəy	からだ
iŋatta	毛
nanda	皮膚
ʉpʉrʉ	しわ
bəggə	あざ
giranda	骨
omoŋ	髄

Ⅳ. エウェンキ語の基礎語彙

sumul	筋	**sugum**	目じり
uldu	肉	**ʃeen**	耳
səətʃtʃi	血	**uraŋa**	耳垢(みみあか)
namara	なみだ(しみ出る)	**neeŋtʃi**	鼻
namatti	なみだ	**nala**	鼻すじ
nəəʃin	汗(あせ)	**ilatʃtʃi**	鼻汁
heetta	垢(あか)	**ilaŋa**	鼻くそ
loogo	手や足のたこ	**uduru**	口, 口ばし
poŋpo	水ぶくれ	**amma**	(人の)口
naatʃtʃi	膿(うみ)	**omoŋ**	唇(くちびる)
dela	頭	**iŋi**	舌
ureel	頭のてっぺん	**iŋilən**	舌の苔
alugta	ふけ	**ʃilisuŋ**	つば
goggotto	髪, ひげ	**tomiŋ**	痰(たん)
hoʥigar	はげ	**iŋihəŋ**	のどひこ
iiggi	脳みそ	**iittə**	歯
guluhə	こめかみ	**oŋora**	乳歯
maŋgil	ひたい	**buli**	歯茎
dərəl	顔	**aŋtʃiŋ**	えら, ほほ
samitta	眉(まゆ)	**tompor**	ほほ骨
iisal	目	**saŋtʃir**	鬢(びん)
baluhuŋ	まぶた	**goggatta**	ひげ
hirimki	まつげ	**əru**	あご
hoŋko	目のふち	**ʥəgi**	下あご
bultugta	目の玉	**məŋgə**	ほくろ
anahaŋ	瞳孔, ひとみ	**bədəri**	あばた
gilbariŋ	白目	**pɵsɵ**	ヘルペス
		niham	首

エウェンキ語への招待

hapatta	のど	өotө	肺
biggar	のどぼとけ	orihiŋ	胃
miiri	肩	daram	腰
ogono	脇の下	gudug	腹
naalla	手	soŋor	へそ
iisəŋ	うで	aahiŋ	肝（きも）
iʃihi	ひじ	ʃiildə	胆囊
bagu	手首	bosotto	腎臓
uŋitta	脈（みゃく）	apatta	膵臓
aŋŋa	手のひら	udʒikki	膀胱
unuhuŋ	手の指	ʃilatta	腸
ono	親指と人さし指との間	aŋar	尻
		amuŋ	大便
sappatta	指と指とのすき間	ʃihiŋ	小便
		muhər	屁（へ）
uʃitta	爪（つめ）	boltʃitta	脚
əruguŋ	親指	og	大腿
tʃimirki	小指	əŋəŋ	膝頭
oyo	人さし指	ʃilbi	脛骨（すね）
aaduŋ	中指	bəldiir	足（足首から指先まで）
sarabki	くすり指		
oge	指紋	niintə	かかと
babor	こぶし	ula	あしの裏
həŋgər	胸	təŋka	力
uhuŋ	乳房	delagaŋ	声
tomi	乳首	əətle	肋骨
doolo	内臓	akkaŋ	背
meegaŋ	心臓	əggə	命（いのち）

IV. エウェンキ語の基礎語彙

13. 人間関係

nasuŋ	歳	hanna	妻の父
baa	年齢	nagasu	おじ(母の兄弟)
mohoŋ	姓	nagatta	おば(母の姉妹)
gəbbi	名	muuyulən	同じ世代のひと
baldiwuŋ	出身	əthəŋ	夫
təwəəŋ	実家	gikki	妻
daldʒi	関係	badʒa	兄弟の妻たち
utaatʃi	祖先	ahiŋ	兄
baltʃa	親戚	bəggəŋ	兄嫁
hoda	親戚筋	nəhuŋ	弟
əddugnəl	目上, 年長の人	ahinel	兄弟
həkə	曾祖父	əhinel	姉妹
əwə	曾祖母	əhiŋ	姉
yəəyə	祖父	ooʃe	姉の夫
adde	祖母	unaadʒ	妹
aba, amiŋ	父	nəhuŋ	
əmmə, əniŋ	母	atu	妹の夫
ətəggəŋ	舅	adam	一番上のおじ
ataggaŋ	姑	ədəm	一番上のおば
əshəŋ	叔父	uyənel	父方の兄弟の子
amihaŋ	伯父	bulunel	いとこ(父方と母方の)
ənihəŋ	伯母		
ugmə	叔母	bulu	いとこ(父方の姉妹の子)
guuyə	おじ(父の姉妹の夫)	ukkəhəŋ	息子
		ut, urul	子供, 息子
guugu	おば(父の姉妹)	huhiŋ	息子の嫁

sura	息子の嫁にするために育てた女の子	monor	ばか
		soleʃi bəy	あほう
unaaʤ	娘		
hʉrəhəŋ	娘婿		

14. 生　業

ʤuna	甥（おい）	gəbbə	職業
omole	孫	oomol	働き
sugar	若者	əʤiŋ	主人
nerog	男	tahurawuʃeŋ	召使い
goŋgo	男の一人者	noyo	官吏
aʃe bəy	女	səwə	教師
hasalaŋ	未婚の娘	sewe	学生
buyar	妊婦	tarigaʃeŋ	百姓
gaŋga	寡婦	gəbbəʃeŋ	労働者
əthəŋ	じいさん	dakkaŋ	職人
sadde	ばあさん	manaʃeŋ	夜回り
ʤʉʉre	ふた子	doottor	医者
aŋaʤiŋ	孤児	lam	漢方医
tʉntʉ	放蕩息子	odoguŋ	産婆
bəy	人	ʤaŋguyda	傭人頭
hoʤigir bəy	はげ	adoʃeŋ	馬方
		memeʃeŋ	商人
bali	めくら	tʃadda	警官
hoŋgo	つんぼ	tʃuga	兵士
həgge	おし	gələəʃeŋ	乞食
soohor	あばた	pootul	浮浪者
doholoŋ	ちんば	huluhu	スリ
bøgtər	せむし	suguuŋ	強盗

IV. エウェンキ語の基礎語彙

ʤele	考え	**dalibuŋ**	盾(たて)
iʃiggi	意見	**selimi**	剣
oyo	気持ち	**miisaŋ**	鉄砲
		səmʉ	弾丸
		əŋkə	太平，平穏

15．生老病死

uliyalbiŋ	トラホーム
sahular	ジフテリア
əəgilən	ぜんそく
awara	コレラ
tampa	中風
giʤir	疫病
əlʉŋ	わきが
bəbəri	鳥肌
naril	皮膚病
tumpu	梅毒
iʤir	凍傷
əəŋ	薬
ənʉhʉ	病気
manuŋ	大病
gəntəwʉŋ	傷
ʃikka	傷あと
apuwuŋ	戦争
howishal	革命
səggi	軍隊
bata	敵
bər	弓
nor	矢

16．時間と年月日

əriŋ	時間
ulabuŋ	四季
nələki	春
ʤog	夏
bol	秋
tʉg	冬
haŋtʃi	啓蟄
ane	年
əri ane	今年
guʃeŋ	来年
tiŋaŋ	去年
mʉʃil	十干
həhə	甲
həhətʃtʃiŋ	乙
uliriŋ	丙
ulitʃtʃiŋ	丁
ʃiŋariŋ	戊
ʃiŋatʃtʃiŋ	己
saayan	庚
saatʃtʃiŋ	辛

saran	壬
saratʃtʃiŋ	癸
aggaŋ	十二支
ʃiŋgəri	子
ihan	丑
tasha	寅
gulmahaŋ	卯
muduri	辰
holeŋ	巳
tuguŋ	午
soŋtʃe	未
muʃi	申
soho	酉
indahaŋ	戌
olgen	亥
beega	月
inig	日
əri inig	今日
timaaʃiŋ	明日
timaaniŋtʃi	あさって
tinug	きのう
inig	昼間
dolob	夜間
əddə	朝
delda	夕方
dolob	夜
libe	週

17. 方 位

ʃig	方向
dʒulilə	前
amila	うしろ
tɵllɵ	外
doolo	なか
ʉgilə	上(うえ)
əggilə	下(した)
dolindu	まん中
dagala	わき
dakke	まわり
dʒəəŋgu	東
baraŋgu	西
dʒulilə	南
amida	北
dʒəgiŋ	左
aaŋ	右

Ⅳ. エウェンキ語の基礎語彙

2. 動　詞

1. 自然現象

ʤakkararaŋ	空があける
hagariraŋ	日があたる
ʃiguŋdərəŋ	照る
sogonoroŋ	日蝕になる
gilotaraŋ	キラキラひかる
ədinəŋ	風が吹く
nularaŋ	乾かす
udunuŋ	雨が降る
gilowutaraŋ	(稲妻が)ピカッとひかる
adderaraŋ	雷が鳴る
səttəgrəŋ	ひきさく
gəttirəŋ	氷が張る
əyəənəŋ	流れる
dərbərəŋ	水に浸る
dəddərəŋ	浮く
tiindərəŋ	沈む
daggaraŋ	焼く，もえる
saŋanaŋ	煙が出る
tətʧʃilərəŋ	うめ立てる
likkirəŋ	(穴を)ふさぐ

2. 動植物について

dəgliraŋ	飛ぶ
toŋkoroŋ	ついばむ
əʧʧʃurəŋ	吠える
miiraraŋ	(猫が)なく
mərөөrəŋ	牛がなく
iŋiliraŋ	馬がなく
meeraraŋ	羊がなく
buylaraŋ	ラクダがなく
gugularaŋ	さえずる
huliraŋ	(蛇が)はう
iʃilərəŋ	冬眠する
ʤiriirəŋ	魚が泳ぐ
bəyʉrəŋ	狩をする
gapparaŋ	射る
iggirəŋ	(動物を)飼う
aduularaŋ	放牧する
sagaraŋ	乳をしぼる
ʉhʉnʉŋ	乳を飲む
uguraŋ	馬に乗る
əmhəndərəŋ	(魚を)釣る
waaraŋ	屠殺する
attaraŋ	去勢する
uggaraŋ	育つ

omoloroŋ	実がなる	ʃilaraŋ	あぶる
dʒoggararaŋ	花が散る	əərəŋ	あぶる，乾かす
irirəŋ	熟する	uyirəŋ	鍋のふたをあける
oggoroŋ	枯れる		
tariraŋ	植える	sohoroŋ	(しゃくしで)すくう

3. 飲食について

4. 道具を使う動作

seedʒidaraŋ	ふるいにかける		
iŋdərəŋ	(ひき臼で)ひく	nəhərəŋ	布を織る
ururəŋ	細かくひく	uldirəŋ	縫う
iihələrəŋ	ご飯を炊く	miirəŋ	裁つ
surərəŋ	米を研ぐ	ʃidʒirəŋ	絹で織る
dʒigirəŋ	切る	lodraraŋ	(衣服が)破れる
miirəŋ	切り取る	soppogroŋ	穴があく
satʃtʃiraŋ	たたき切る	saŋaanraŋ	つくろう
təŋkirəŋ	火をつける	səəmirəŋ	針に糸を通す
ilaraŋ	火がもえる	homiraŋ	ひだをとる
əhulgirəŋ	ご飯を温める	bərirəŋ	ほどく
ukkuruŋ	かき回す	tətirəŋ	着る
sasuraŋ	まく，散らす	luhuruŋ	ぬぐ
dəbbirəŋ	漬ける，浸す	haalaraŋ	着がえる
doosoloroŋ	漬ける	lohoroŋ	掛ける
dʒoolodoroŋ	濾す	dəwirəŋ	はたく，払う
ələərəŋ	煮る，炊く	ʃeeraŋ	そる
hukkuruŋ	いためる	ləhdərəŋ	ナイフをとぐ
hagriraŋ	焼く	hooroŋ	けずる
dʒinnurəŋ	蒸す	dəlbətrəŋ	(斧で)割る

IV. エウェンキ語の基礎語彙

akkiraŋ	突く，刺す	**antalaraŋ**	味わう
dəgələrəŋ	引っかける	**ammanaŋ**	含む
tikkirəŋ	打ち込む	**iɲurəŋ**	呑みこむ
ʉmpʉrirəŋ	転がる，消えうせる	**niɲirəŋ**	むせぶ
dʉləərəŋ	通り過ぎる	**sasuraŋ**	むせる
		pʉsurəŋ	ペッと吐く
		ʉʉgʉrəŋ	プッと吹く

5. 身体動作

		tominaŋ	つばきを吐く
		daŋdʑilaraŋ	担ぐ
oggiraŋ	振り向く	**ələkrəŋ**	手をふる
iʃirəŋ	見る	**dallaraŋ**	手招きする
nindirəŋ	目をとじる	**bobularaŋ**	こぶしを握る
məmmirəŋ	まばたきする	**naallaldiraŋ**	握手する
gʉlerəŋ	にらむ	**gadaŋ**	手にもつ
hileraŋ	横目でみる	**imirəŋ**	つまむ
daliminaraŋ	のぞく	**dʑawaraŋ**	つかむ
məggəŋdərəŋ	ねらう	**loggiraŋ**	ぎゅっとつかむ
ʃiggiʃiraŋ	聞く	**asuglaraŋ**	握る
dooldirəŋ	においをかぐ	**ʉgrirəŋ**	手を上げる
ibberaŋ	口をゆがめる	**homilaraŋ**	両手で抱える
nohonoŋ	キッスする	**əlgərəŋ**	ぶら下げる
dʑittəŋ	たべる	**tohelaraŋ**	もち上げる
imoraŋ	のむ	**əədələrəŋ**	（2人以上で）もち上げる
taanaŋ	吸う		
hihiraŋ	かむ	**nʉʉlgihənəŋ**	運ぶ
nannaʃiraŋ	咀嚼する	**təmirəŋ**	さわる，なでる
mʉldʑirəŋ	かじる	**nəərəŋ**	ほっておく
ilhərəŋ	なめる	**owoloroŋ**	積む

エウェンキ語への招待

awaraŋ	こする	alaraŋ	肩をたたく
iiŋkirəŋ	もむ，こする	nukurəŋ	鈍器で打つ
musuruŋ	押さえる	gikkiraŋ	突く
mokkiraŋ	ねじる，よじる	haagiraŋ	揺(ゆ)する
ʃiraraŋ	しぼる	hoŋkiraŋ	すすぐ
ʃiharaŋ	しぼり出す	lakkiraŋ	ほうる
hahurerəŋ	しめ殺す	dʒoldoroŋ	なげる
iiŋkirəŋ	もむ	atʃtʃanaŋ	受け取る
maltraŋ	(かゆい所を)かく	tuʃirəŋ	支える
		humulirəŋ	抱く
utunaŋ	かゆい	haʃiraŋ	遮(さえぎ)る
anaraŋ	押す	əggirəŋ	ぐるぐる回る
taanaŋ	引く	moholiraŋ	つつみ込む
loggaraŋ	引っぱる	əkkərəŋ	つつむ
iraraŋ	ずるずる引っぱる	uyirəŋ	しばる
		teweraŋ	拾う
sogoroŋ	抜く	təwərəŋ	詰める
ʃibbaraŋ	引き出す	hubbuhənəŋ	払う，振る
ʃigurəŋ	すくい取る	əturaŋ	めくる
hooliroŋ	皮をむく	likkirəŋ	かぶせる
himaraŋ	(親指と他の指で)つまむ	sohoroŋ	水をくむ
		təntirərəŋ	さぐる
urərəŋ	(紙を)やぶる	miirləhənəŋ	ならぶ
mataraŋ	折る	əhilərəŋ	踏む
mondaraŋ	なぐる，打つ	dawaraŋ	またぐ
tontoroŋ	コツコツとたたく	totʃtʃahilaraŋ	とび上る
		haawiraŋ	足を引きずる
nukuʃirəŋ	背をたたく	uttulirəŋ	はしる

IV. エウェンキ語の基礎語彙

pəsəglərəŋ	ける	tominaŋ	痰を吐く
olooroŋ	川を歩いてわたる	ələrəŋ	腹一杯になる
		ilt∫araŋ	おさげを編む
hoomilaraŋ	足をくむ	handaraŋ	髪をそる
təgərəŋ	坐る	baldiraŋ	生まれる
iliraŋ	立つ	iniggərəŋ	生きる
əŋəntrəŋ	しゃがむ	ondoroŋ	子供の世話をする
sottoroŋ	酔う		
səwələrəŋ	腰に手を当てる	sadderaraŋ	様子が変る
mororoŋ	腰をかがめる	usunuŋ	疲れる
giinirəŋ	腰をのばす	amraraŋ	休息する
mikkirəŋ	ひざまずく	aa∫inaŋ	寝る
mʉggʉrəŋ	頭を地面に打ちつける	tokko∫iraŋ	夢をみる
		əyələrəŋ	別れる
tʉ∫irəŋ	もたれる	bʉdəŋ	死ぬ
hʉləərəŋ	横になる	hahoriraŋ	首をつる
hʉmmirəŋ	腹ばいになる	ənʉhʉlərəŋ	病気にかかる
aahilaraŋ	伏せる	haaldiwuraŋ	伝染する
yʉʉrəŋ	起き上がる	ənʉnəŋ	痛む
tihirəŋ	ころぶ	əŋənirəŋ	うめき声を上げる
oŋkoliroŋ	つまずく		
tot∫t∫anaŋ	とぶ	it∫t∫inirəŋ	くしゃみをする
tokkoroŋ	とびかかる	haharaŋ	ゲップする
naattaŋ	ぶつかる	həhərərəŋ	しゃっくりする
dihinəŋ	さける，よける	ʥəmʉnəŋ	腹がすく
iiɲirəŋ	(荷物を)背負う	ukkuwuruŋ	ムカムカする
ʥiʥaraŋ	(子供を)背負う	i∫irirəŋ	吐く
∫ikkaraŋ	洗う	amaltraŋ	ゲリする

taamuldiraŋ	筋肉がひきつる	wakkiraraŋ	さけぶ
ʃigʃiraŋ	震える	əəriraŋ	よぶ
daddaglaraŋ	寒気がする	tuurəraŋ	鳴き声をあげる
bəgiraŋ	風邪をひく	gugguldun	出発する
əhʉddilərəŋ	熱が出る	bəriraŋ	ほどく
əhʉwʉrəŋ	暑気あたりする	eʃeraŋ	着く
əəŋlərəŋ	せんじ薬を調合する	tatiraŋ	学ぶ
		ʃiggaraŋ	テストする
apuldiraŋ	戦う	həənnərəŋ	表彰する
miisaŋdaraŋ	発砲する	əəriraŋ	読む
dihinəŋ	伏せる	səədʑilərəŋ	暗誦する
tiriraŋ	攻める	dattaraŋ	復習する
amiʃihilaraŋ	退却する	dʑoriraŋ	書く
susanaŋ	逃げる	lattagaraŋ	張りつける
suriraŋ	避難する	ʉgiirəŋ	あそぶ
əwəmburəŋ	投降する	soldiriraŋ	すべる
gəntəwurəŋ	負傷する	dʑaandaraŋ	歌をうたう
tuhalaraŋ	傷口を包帯でまく	ʃiikkərəŋ	口笛を吹く
		tahiraŋ	祭る
hagriraŋ	やけどする	sʉsʉrlərəŋ	信用する
		sʉdʑilərəŋ	占いをする
		sədʑirəŋ	（タブーとして）忌む

6. 対人関係

dʑiŋdʑiraŋ	話す	anelaraŋ	新年を祝う
høørøldirəŋ	語る	ʉlildiraŋ	交際する
gʉʉrʉrʉŋ	はっきりわかる	atʃtʃanaŋ	迎える
aŋuraŋ	たずねる	ərəəlerəŋ	遠慮する
gumbʉrʉŋ	答える	nəəɲiʃnəŋ	汗をかく

IV. エウェンキ語の基礎語彙

uutaaraŋ	急いでする	gələərəŋ	許しを乞う
ərgəʃirəŋ	呼吸する	dʒahiraŋ	いいつける
owoʃirəŋ	あくびをする	howʃeldirəŋ	相談する
ʃihinəŋ	小便をする	ayaʃilarəŋ	手助けする
amunəŋ	大便をする	gayooraŋ	救う
mʉhərrəŋ	屁をひる	bahaldirəŋ	出会う
gələərəŋ	乞食をする	alaaʃiraŋ	待つ
tiinəŋ	ひったくる	ʃiharaŋ	せき立てる
huluhurəŋ	盗む	bʉʉrəŋ	やる，もらう
gəbbərəŋ	だます	anabuuraŋ	ことわる
yəənʉlərəŋ	冗談をいう	hootʃtʃoloroŋ	訴える
gooʃoloroŋ	あてこする	bohiraŋ	逮捕する
almaraŋ	まねる	ərʉrəŋ	拷問にかける
oloohoʃirəŋ	うそをつく	tontʃihanəŋ	追放する
taʃeeraraŋ	まちがえる	nannaʃiraŋ	追う
haaldaŋ	からかう	baytalaraŋ	用いる
gəddərəŋ	不思議に思う	duturuŋ	残す
niɲirəŋ	ののしる	bələhrəŋ	準備する
soogildirəŋ	口げんかする	uruuruŋ	かたづける
əwəʃirəŋ	なか直りする	dʒagiraŋ	かくす
ikkaraŋ	説得する	gələərəŋ	さがす
ərʉʃirəŋ	いじめる	ommoroŋ	忘れる
gusuruŋ	強迫する		
ʃiharaŋ	割り込む		
dʉttʉldirəŋ	なぐり合いのけんかをする		
mondawuraŋ	なぐられる		
alaraŋ	謝る		

7. 喜怒哀楽

bʉtʉrəŋ	成功する
ayawuraŋ	よろこぶ
nəttərəŋ	笑う

aleraŋ	怒る	ʤiggaraŋ	安楽である
soŋoroŋ	泣く	saaraŋ	知っている
agleraŋ	思い悩む	taaddaŋ	わかる
addaraŋ	うれしくなる	gadaŋ	ほしい
səlgerəŋ	楽しくなる	ᴜniirəŋ	売る
dəəwərəŋ	上っ調子になる		

8．存在と移動

ʤoonoŋ	想う，したう		
aahilaraŋ	可愛がる		
əkkələhənəŋ	子供を甘やかす	gugguldəŋ	うごく
əyəʃirəŋ	羨しくなる	iliraŋ	とまる
guʤənəŋ	かわいそうに思う	əəkkərəŋ	はじまる
		ʃeraldiraŋ	続く
ʤiwᴜʃirəŋ	にくむ	manaraŋ	おわる
anekkaraŋ	きらう	əmərəŋ	来る
ʃiʃrərəŋ	嫌に思う	niniraŋ	行く
hoddoroŋ	にくむ	tᴜttᴜgərəŋ	上がる
aharaŋ	あきる	əwərəŋ	下がる
gumduruŋ	後悔する	iirəŋ	入る
nəələrəŋ	こわがる	yᴜᴜrəŋ	出る
oloroŋ	びっくりする	musuruŋ	回る
alʤiraŋ	恥しく思う	nᴜtʃtʃirəŋ	過ぎる
ilintrəŋ	きまりが悪い	ʤᴜkkᴜrəŋ	努力する
ontəgrəŋ	なじみのない	mitoraŋ	後退する
ʤogoroŋ	つらい	biʃiŋ	ある，いる
gumduwuraŋ	悔しい	aaʃiŋ	いない
dəddərəŋ	我慢する	noɲiraŋ	たす
molanaŋ	惜しい	atʃtʃiraŋ	ひく
hisərəŋ	気をつける	aawiraŋ	増える

IV. エウェンキ語の基礎語彙

taŋiraŋ　　数える

3．形容詞

対照概念

əhuddi	あつい	goddo	高い
inigiddi	冷たい，寒い	nəttə	低い
bottaddi	涼しい	lata	背の低い
namaddi	暖かい	nonom	長い
buluŋ	ぬるい	uruŋkuŋ	短い
dasuŋ	すっぱい	baruguŋ	太い
gasuŋ	辛い	nənni	細い
ilgoŋ	渋い	əŋŋə	広い
sola	(味が)あっさりしている	datʃtʃi	狭い
uruwuŋ	口に入れるととける	diram	厚い
horor	サクサクしている，もろい	nəmi	薄い
		sonto	深い
usuŋ	しっとりしている	albikkoŋ	浅い
		dəbbəldʒiŋ	四角い
uuŋʃi	香りのよい	moholi	円い
waaʃi	臭い	tədʒi	位置の正しい
ʃooŋgo	生ぐさい	motʃtʃehu	ゆがんだ
holoŋgo	小便くさい	hətə	横の
boŋgoŋ	大きい	goldo	たての
nisuhuŋ	小さい	ʃiiggəŋ	真直の
		həltəhu	斜めの
		tətʃtʃi	平らな
		ulariŋ	赤い
		ʃeŋariŋ	黄色い

エウェンキ語への招待

saŋgeŋ	あい色	uyaŋ	うすい
giltariŋ	白い	aya	よい
honnoriŋ	黒い	əru	わるい
yatʃiŋ	青い	pad	劣った
yaariŋ	ピンク色の	yəddi	平凡な
husuŋ	紫色の	bəkkə	むずかしい
ʃeŋalbiŋ	オレンジ色の	amakkoŋ	やさしい
boro	褐色の	lotʃtʃi	やっかいな
tʃuuturiŋ	灰色の	hodaʃi	値の高い
ənikkəŋ	軽い	hinda	値の安い
ugguddi	重い	goro	遠い
sola	ゆるんだ	daga	近い
ʃiŋga	きつい	arakkuŋ	清潔な
olgohoŋ	かわいた	əddə	早い
olokkoŋ	じめじめした	delda	(時間が)遅い
dəyə	軟らかい	tugguŋ	速い
hata	硬い	naŋa	遅い
baggoŋ	荒い	nəəlmuddi	危険な
ottog	すいている	abgar	安全な
dʒaloŋ	一杯の	amal	便利な
səbbiŋ	鋭利な	hotʃtʃi	有害な
puyəthə	鈍な	iildiʃi	太った
ikkiŋ	新しい	buggu	肥えている
irəəttə	古い	yandaŋ	やせた
ədduhi	やぶれている	sadde	老いた
səttəggə	欠けている	oyon	若い
dʒəddə	そろっている	ətəŋgir	強壮な
iʃihiŋ	生の	əbər	衰弱している

Ⅳ．エウェンキ語の基礎語彙

tədʑi	合っている	gʉdʑəmʉddi	愛らしい
taʃeŋ	まちがっている	ʃeenagaŋ	いたずらな
aaʃiŋ	貧しい	tondo	まじめな
dəyəkkʉŋ	なごやかな	salaŋgi	ふまじめな
boshi	凶悪な	nariŋ	こまやかな
nomohi	まじめな	salgaŋ	うかつな
dʑeleʃi	狡猾な	homha	よくばりな
sərət	聡明な	pagge	おしゃべりな
sampal	テキパキしている	sotʃtʃi	ユーモアのある
		gitʃtʃu	すっきりしている
dʑʉŋgʉ	気がきかない		
ʃogol	バカな		

4．副　詞

iʃe	今	naaŋ	も
hiir	しばらく	hokko	みな
udʑidu	将来	ɵntɵ	他に，別に
ohiduhad	永遠に	miiŋ	最も
noogu	先に，まず	mandi	あまりに
amar	いそいで	əli	更に
əttootʃtʃil	すぐに	ani	とても
oreel	しょっちゅう	nəgəəŋ	まるで
təliŋ	やっと	dʑoreeŋ	わざと

5．指示詞

bi	わたし	ʃi	あなた

sʉ	あなたさま	ələ	ここ
tari, nugaŋ	かれ，かの女	tala	そこ，あそこ
bu	わたしたち	ərigidə	こちら
miti	わたしたち(相手を含)	tarigida	そちら，あちら
		awu	だれ
sʉ	あなたたち	ohoŋ	なに
talar, tatʃtʃil	かれら	iri	どれ
		ilə	どこ
məəni	自分	ohidu	いつ
əri	これ	adi	(少数)いくつ
tari	それ，あれ	ohi	(多数)いくつ
əril	これら	ittʉ	どう
taril	それら	ima	なぜ

6．数　詞

tooŋ	数(かず)	oriŋ	二十
əmuŋ	一	gotiŋ	三十
ʤuur	二	dəhi	四十
ilaŋ	三	toŋne	五十
digiŋ	四	niŋuŋne	六十
toŋ	五	nadanŋe	七十
niŋuŋ	六	namaaʤ	百
nadan	七	meŋgaŋ	千
ʤahoŋ	八	tumun	万
yəgiŋ	九	əmuhe	一等
ʤaaŋ	十	ʤuuhe	二等
moholi	ゼロ	ilahe	三等

IV. エウェンキ語の基礎語彙

noomir	号数	ʤaaŋ əuur	十二月
ikkiŋ bee	正月	（または	
emuŋ bee	一月	ʤuur）bee	
ʤuur bee	二月	əmuŋni inig	一日
ilaŋ bee	三月	ʤuurni inig	二日
digiŋ bee	四月	libe əmuŋ	月曜日
toŋ bee	五月	libe ʤuur	火曜日
niŋuŋ bee	六月	libe ilaŋ	水曜日
nadan bee	七月	libe digiŋ	木曜日
ʤahoŋ bee	八月	libe toŋ	金曜日
yəgiŋ bee	九月	libe niŋuŋ	土曜日
ʤaaŋ bee	十月	libe inig	日曜日
ʤaaŋ əmuŋ bee	十一月		

> 著者紹介

ドラール・オソル・朝克（Dular Osor Cog）
  国籍　中国　1957年ハイラルに生れる．
  Dularは姓（部族名）で「清らかな」の意味であり，Osorは父の名で「日光」の意味であり，Cogは自己の名で「火花」の意味がある．漢字では「杜拉爾・敖斯爾・朝克」と表記する．
  中国社会科学院民族学与人類学研究所（旧民族研究所）教授
  文学博士
  専門　ツングース言語学

中嶋　幹起（Nakajima Motoki）
  1942年三重県に生れる．
  大東文化大学外国語学部中国語学科教授
  東京外国語大学名誉教授
  文学博士
  専門　東アジアの言語学

目録進呈 落丁本・乱丁本はお取替えいたします。

平成 17 年 6 月 10 日 　　 © 第 1 版発行

エウェンキ語への招待	著　者　　ドラール・オソル・朝克 　　　　　中嶋　幹起 発行者　　佐藤　政人 発　行　所 株式会社　**大学書林** 東京都文京区小石川 4 丁目 7 番 4 号 振替口座　　00120-8-43740 番 電　話　　(03) 3812－6281〜3 番 郵便番号 112-0002

ISBN4-475-01869-2　　　　TM プランニング／横山印刷／牧製本

大学書林
語学参考書

著者	書名	判型	頁数
津曲敏郎 著	満洲語入門20講	B6判	176頁
小沢重男 編著	現代モンゴル語辞典（改訂増補版）	A5判	976頁
小沢重男 著	モンゴル語四週間	B6判	336頁
塩谷茂樹 E.プレブジャブ 著	初級モンゴル語	B6判	240頁
小沢重男 編	モンゴル語会話練習帳（改訂版）	新書判	188頁
ナランツェツェグ 著	日本語・モンゴル語基礎語辞典	新書判	340頁
田中セツ子 著	現代モンゴル語口語辞典	A5判	392頁
小沢重男 著	蒙古語文語文法講義	A5判	336頁
竹内和夫 著	トルコ語辞典（改訂増補版）	A5判	832頁
竹内和夫 著	日本語トルコ語辞典	A5判	864頁
勝田　茂 著	トルコ語文法読本	A5判	312頁
水野美奈子 アイデン・ヤマンラール 著	全訳中級トルコ語読本	A5判	184頁
松谷浩尚 著	中級トルコ語詳解	A5判	278頁
松谷浩尚 編	トルコ語分類単語集	新書判	384頁
水野美奈子 編	トルコ語会話練習帳	新書判	238頁
勝田　茂 A.エムレ 著	トルコ語を話しましょう	B6判	144頁
林　徹 アイデン・ヤマンラール 著	トルコ語会話の知識	A5判	304頁
勝田　茂 著	オスマン語文法読本	A5判	280頁
松長　昭 著	アゼルバイジャン語文法入門	A5判	256頁
松谷浩尚 編	アゼルバイジャン語会話練習帳	新書判	168頁
竹内和夫 著	現代ウイグル語四週間	B6判	464頁
池田哲郎 著	アルタイ語のはなし	A5判	256頁

— 目録進呈 —

大学書林
語学参考書

著者	書名	判型	頁数
荻島　崇著	フィンランド語辞典	A5判	936頁
荻島　崇著	日本語フィンランド語辞典	A5判	960頁
荻島　崇著	フィンランド語日本語小辞典	新書判	712頁
小泉　保著	フィンランド語文法読本	A5判	368頁
荻島　崇著	基礎フィンランド語文法	A5判	328頁
荻島　崇編	フィンランド語基礎1500語	新書判	208頁
庄司博史編	フィンランド語会話練習帳	新書判	256頁
荻島　崇著	やさしいフィンランド語読本	B6判	168頁
荻島　崇訳注	フィンランド語童話選	B6判	240頁
小泉　保訳注	対訳カレワラの歌（Ⅰ）―呪術師ワイナミョイネンとサンポ物語―	A5判	152頁
小泉　保訳注	対訳カレワラの歌（Ⅱ）―レンミンカイネンとクッレルボ―	A5判	192頁
小泉　保著	ラップ語入門	A5判	218頁
吉田欣吾著	サーミ語の基礎	A5判	280頁
今岡十一郎編著	ハンガリー語辞典	A5判	1152頁
岩崎悦子／浅津エルジェーベト著	ハンガリー語Ⅰ	A5判	528頁
岩崎悦子／浅津エルジェーベト著	ハンガリー語Ⅱ	A5判	576頁
早稲田みか著	ハンガリー語の文法	A5判	196頁
岩崎悦子／浅津エルジェーベト編	ハンガリー語基礎1500語	新書判	280頁
岩崎悦子／浅津エルジェーベト編	ハンガリー語会話練習帳	新書判	152頁
小泉　保著	ウラル語のはなし	A5判	288頁
小泉　保著	ウラル語統語論	A5判	376頁

―目録進呈―

大学書林
語学参考書

著者	書名	判型	頁数
小泉　保著	改訂 音声学入門	A5判	256頁
小泉　保著	言語学とコミュニケーション	A5判	228頁
下宮忠雄編著	世界の言語と国のハンドブック	新書判	280頁
大城光正・吉田和彦	印欧アナトリア諸語概説	A5判	392頁
千種眞一著	古典アルメニア語文法	A5判	408頁
中井和夫著	ウクライナ語入門	A5判	224頁
三谷惠子著	クロアチア語ハンドブック	A5判	278頁
金指久美子著	スロヴェニア語入門	A5判	248頁
直野　敦著	アルバニア語入門	A5判	254頁
上田和夫著	イディッシュ語文法入門	A5判	272頁
栗谷川福子著	ヘブライ語の基礎	A5判	478頁
福田千津子著	現代ギリシャ語入門	A5判	226頁
坂本恭章著	タイ語入門	B6判	852頁
坂本恭章著	カンボジア語入門	B6判	574頁
縄田鉄男著	パシュトー語文法入門	B6判	334頁
奴田原睦明著	基本アラビア語入門	A5判	280頁
石川達夫著	チェコ語初級	A5判	398頁
冨田健次著	ベトナム語の基礎知識	B6判	382頁
中島　久著	スワヒリ語文法	A5判	368頁
塩谷　亨著	ハワイ語文法の基礎	A5判	190頁
小林　標著	独習者のための楽しく学ぶラテン語	A5判	306頁
田澤　耕著	カタルーニャ語文法入門	A5判	234頁

— 目録進呈 —